Introduction to CONSULTING

実践
コンサルティング入門

宮内 健次 著

ビジネス教育出版社

はじめに

　金融機関においては、取引先の伴走支援が求められております。

　2024年度事務年度金融行政方針にも取引先企業の経営改善や生産性向上が求められており、現場の行職員においてはコンサルタント的な視点と知識が欠かせません。そして、取引先企業の経営者が抱えるさまざまな課題に、金融機関職員として対応していく取組みが求められています。

　一方、伴走支援にあたっては、「経営力再構築伴走支援ガイドライン」（中小企業庁 等）が策定されています。

　同ガイドラインでは、経営力再構築伴走支援を実施する場合には、次の三要素を踏まえることをすすめています。

　第1は、経営者との対話、さらに必要であれば経営幹部、後継者、従業員等との対話をすることです。

　第2は、支援者から課題設定プロセスへの支援を受けて、本質的な課題に十分腹落ちしたうえで、課題解決に向けた取り組みに進むことです。

　第3は、経営者が取り組むべきことに腹落ちし、当事者意識を持って、能動的に行動を起こすようになる「内発的動機づけ」が得られることです。それにより、事業者が潜在力を発揮されるようになります。

　こうしたことを踏まえたなかで、本書では企業の課題解決のための具体的な6つのコンサルティング術について紹介いたします。これらは実際のコンサルティングの現場で活用し効果を得た方法です。ぜひ取引先企業の課題解決に活用していただきたいと存じます。

　本書が皆様の一助となれば幸いです。

2024年10月

宮内　健次

目次

1 経営の方向性を打ち出すためのコンサルティング術……6
- (1) 経営計画を作成し、経営ビジョンの共有を図る……6
- (2) カステラ製造会社のコンサルティング事例……27

2 経営基盤確立のためのコンサルティング術……34
- (1) コンサルティングの基本は5Ｓ……34
- (2) 改善提案制度で職場改善をする……49
- (3) 印刷会社のコンサルティング事例……52

3 営業力向上のためのコンサルティング術……60
- (1) 営業日報を作成して仕事の見える化を図る……60
- (2) 顧客台帳を見れば、取引先の強みと弱みがわかる……62
- (3) 顧客アプローチリストを作成して、取引先の一元管理をする……65
- (4) 提案書を作成し、お客様の信頼を得る……67
- (5) クリーニング店のコンサルティング事例……71

4 コストダウンするためのコンサルティング術……76
- (1) 外注管理をして収益向上を図る……76
- (2) 購入管理をして購入コストの効率化を図る……79
- (3) 作業手順書を作成して、作業ミス防止と生産性向上を図る……82
- (4) 建設会社のコンサルティング事例……85

5 人材育成をするためのコンサルティング術……92
- (1) 賃金体系を構築し、社員の採用と昇給を適正に行う……92
- (2) 人事考課を行うことで、社員を適正に評価できる……97
- (3) 目標管理を実施し、社員のモチベーションアップを図る……101
- (4) 社員教育を通して、社員のスキルのアップを図る……107
- (5) 建設会社のコンサルティング事例……109

6　計数管理をするためのコンサルティング術……114
- (1) 予算管理することで経営計画の進捗を数値管理する……114
- (2) 実行予算管理を行い成り行き的な支出管理を防止……117
- (3) 資金繰り管理をして資金ショートを防止する……120
- (4) 駐車場サービス会社のコンサルティング事例……123

経営の方向性を打ち出すためのコンサルティング術

1 経営の方向性を打ち出すためのコンサルティング術

▶経営計画は、会社の行く末、いわゆる会社の方向性を描いたものです。
この経営計画により、会社は、経営を進めていくことになります。そこには、会社ビジョンが明示されており、そのビジョン達成を目指し進んでいきます。

1．経営計画を作成し、経営ビジョンの共有を図る

⑴　経営計画とは

　経営計画は、会社のなかで最も大切なものです。
　この経営計画は、会社の行く末、いわゆる未来を描いた設計図です。この設計図いかんでは、間違った経営の方向にいくこともあります。それだけ重大なものなので、作成にあたっては十分吟味していただきたいと思います。そして、この経営計画により、会社ビジョンが明示され、社員はそのビジョンに向かって進んでいきます。また、ビジョン実現のための計画がきちんと組み込まれておりますので、社員のムダな行動がなくなり、ひたすら目標に向かうようになります。

⑵　経営計画の作り方

　経営計画は、社員参加型で作成していきます。
　社長が1人で作成するより時間がかかるという点はありますが、社員にとっては自らが参加して作成したという思いが強く、経営計画が成功しやすいというメリットがあります。それでは、社員参加型の経営計画の作成について具体的に記載します。

①　経営計画委員会を立ち上げる

　まずは経営計画委員会を立ち上げます。メンバーは、社長、役員ならびに部門から部門長または部門長に準じた社員を任命します。さらに、事務局として、総務部門あるいは企画部門から任命し、必ず経営計画の進行状況の議事録作成や資料の取りまとめ役を決めておきます。
　このメンバーにより、毎月、経営計画委員会を開催し、経営計画を作成していきます。

② A4用紙1枚で経営計画を作る

経営計画は、様式が決まっているわけではありません。部門や職務ごとに作りたいという企業もあると思います。ただ、中小企業の場合は人数が限られていて、部門や職務を兼任したりしているため、分け方が難しいという問題が出てきます。

また、経営計画を作ろうとしても、日常の仕事に追われ、なかなか時間を作ることができないという企業も多いでしょう。

そこで、これらの問題を解決できるように、A4用紙1枚で作成できる経営計画書を考案しました。

A4用紙1枚で作成する経営計画書では、以下の11項目を作成していきます。

①経営計画の意義、②経営理念、③経営ビジョン（会社の将来構想や夢）、④外部環境、⑤内部環境、⑥経営目標（事業目標や目標利益など）、⑦経営方針（目標達成のための人、物、金、情報などの経営資源の枠組み）、⑧目標利益計画（3か年の利益計画）、⑨月別目標利益計画、⑩主要施策（3か年の施策）、⑪行動計画

◘ 経営計画のフロー

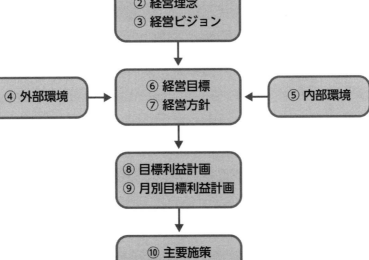

(3) 各項目の説明
① 経営計画の意義を作る

経営計画は、作成する意義から記載します。

経営計画は、ある日突然作成するものではありません。当然それまでに、経営計画を立てるに至った背景や思いがあるはずです。それらをきちんと社員に説明することにより、社員も経営計画をしっかりと理解することができます。

この経営計画作成の意義については、経営のトップである社長自らが記載していきます。経営計画を達成するための決意表明にもなります。

経営計画の意義の役割としては、社内的には、社員に経営計画に取組む会社の思いを浸透させる役割があります。一方、対外的には、会社の将来の姿を認識させる役割があります。

それでは、その意義の基本的な構成について説明します。

第1は、経営計画への「思い」です。

なぜ経営計画を作成するに至ったかについての思いを記載していきます。

たとえば「従来の成り行き管理が原因で悪化傾向にある業績を回復させたい、そのためにできることとして、経営計画を立てることにより計画経営に転じ、将来のビジョンを目指して進んでいきたい」などがあります。

第2に、会社の過去の成長についての「軌跡」を記載します。

いままで会社がどのような歴史をたどってきたのか、どのように過去成長してきたのかなどについて、経営計画作成にあたり振り返ります。

第3に、会社を取り巻く「外部環境」について記載します（詳細は、後述の「外部環境」に記載）。現在、会社を取り巻く外部環境はどのような状態にあるのかについてみていきます。

第4に、会社の「内部環境」について記載します（詳細は、後述の「内部環境」に記載）。会社の商品力、人材力など現在持っている会社の資産や能力についてみていきます。

第5に、会社の経営ビジョンを記載します（詳細は、後述の「経営ビジョン」に記載）。今後長期的に将来を見据え、会社をどのようにしていくのか、そのビジョンについて明示します。

第6に、会社の経営目標を記載します（詳細は、後述の「経営目標」に記載）。経営ビジョンを達成するためにどのような経営目標を立てているか、具体的に明

示します。

第7に、経営計画の全体の構成と進め方について記載します。経営計画のガイドラインとして、経営計画の全体の構成を明確にします。さらに、この経営計画を今後どのように進めていくのかについて明示していきます。

第8に、経営計画の副題を記載します。この経営計画全体を通じて、一言でいうとどういった計画なのかがわかるような副題をつけます。

経営計画を各項目にしたがって作成しただけでは、経営計画の狙いがなかなかわかりづらい面があります。このため作成した経営計画全体を一言でいいあらわす副題を作り、経営計画を身近なものに感じてもらいます。

② 経営理念を作る

経営理念は、経営計画のなかで最も大切なものです。経営計画の基本は、経営理念から始まります。

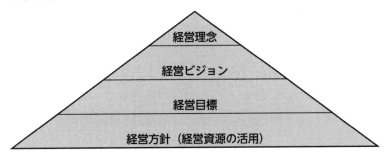

◘ 経営計画の頂点は、経営理念

経営理念とは、『広辞苑第六版』(岩波書店)によれば、「企業経営における基本的な価値観・精神・信念あるいは行動基準を表明したもの」となっています。

経営理念については、ここでは、「企業の経営活動をしていくうえでの経営指針」とします。なお、経営理念は、会社によってさまざまな捉え方をしています。

社会貢献などとした企業の存在意義を中心にしたものや、経営をしていくうえで重要視していることについて記載したものがあります。また、企業人としての社会人の心がけなどの行動基準を記載したものなどがあります。

中小企業の場合、経営理念といっても言葉がなかなか浮かんでこないことがよくあります。そういう場合は、後述する経営理念の作り方を参考にしていただいています。

経営理念について、あまり、こうでなくてはならないと規定しなくてよいと思いますので、自社の歴史を振り返るなどして自社に合ったものを作っていただきたいと思います。

　まずは、経営理念を作る目的を考えます。

　経営理念を作る目的は、経営活動をするうえでの「モノサシ」を作るということです。

　企業は、この「モノサシ」を基準として経営活動を進めていくことになります。この「モノサシ」には、「社会での役割」と「会社の判断基準」という2つの目盛を入れていっていただきたいと思います。企業が社会でどのような役割を果たしていくのか、また、会社を運営していくうえで、社員がどのような判断基準で働くのかをきちんと明確にしていくことで組織が一丸となって進んでいくことができるのではないかと思います。

　企業経営をしていくうえで、経営活動がこの経営理念に合っているかを常に検証していきます。そして、もし、経営理念と照らし合わせて、異なった企業経営になっていたとしたら、見直ししていくことになります。

　次に、経営理念の作り方です。すでに企業に何らかの経営理念があるのでしたら、それを踏襲するのがよいと思います。ただし、その経営理念が、現在の時代背景や経営内容とかけ離れているのであれば再検討してください。また、現在、経営理念として何もないのであれば、次のようなことから考えていきます。

　第1に、経営者が経営してきたなかでのモットー（座右の銘）は何だったか。経営者がいつも言っている言葉や大切にしている座右の銘を経営理念にします。

　第2に、どうやって企業を創業しようと思ったのか、創業時の創業理念やそのときの思いを経営理念とします。

　第3に、普段、どういう姿勢で経営を行っているか。企業経営している際に重要視している考え方があればそれを経営理念とします。

　また、経営理念の内容は、経営をしていくうえでのモノサシとなり、社員全員が共有していきますので、わかりやすいものやなじみやすいものがよいでしょう。しかし、経営理念を作るからといって、特別にいいものを考えようとする必要はありません。また、他社の経営理念を参考にするのはよいですが、そのまま真似しても何にも意味はありません。

③ 経営ビジョンを作る

経営ビジョンは、会社の将来のあるべき姿（夢）、つまり将来どのような会社になりたいのかを描いていきます。どんな会社でも、将来こうなりたいという夢があると思いますが、そうした夢を経営ビジョンとしてあげていきます。単に漠然とこうありたいというのではなく、「社長の強い思い」が必要となります。

中小企業の場合、創業社長や二代目社長などが多いため、ここで社長の強い思いといいましたが、創業社長や二代目社長などでない場合は、経営計画委員会などで、経営ビジョン草案を作成して決定していく方法もあります。

中小企業では日常の業務に追われ、将来のことはあまり考えていない、あるいは、明確に意識していなかったということがあります。こうした場合、どうしても夢が描けないのであれば、現状をみて3年後はこうなると推定し、経営ビジョンとして作成してもよいでしょう。

こうした経営ビジョンにも、ステップがあります。いきなり大きな夢に到達できればよいのですが、実際は大きな目標であればあるほどそこへたどり着くまでに時間がかかります。そのようなケースでは、まずは「○年後にこうなる」というステップを経ることになります。この経営計画は3年を想定していますので、もし、夢が長期にわたる場合はその途中のステップとして、「3年後はここまで到達する」という基準を作っていきます。

次に、経営ビジョンの内容について考えます。経営ビジョンとしては、社長の強い思いが必要といいましたが、「単に会社を大きくしたい」というようなものでは、漠然としていてわかりません。

このため、次のような視点から作ってみましょう。

第1に、事業領域はどこなのか、会社は将来、どのような事業領域を伸ばそうとしているのか。

第2に、商品は何なのか、会社は将来、どのような商品を主力にしようとしているのか。

第3に、規模はどの程度なのか、会社は将来、売上や利益など、どの程度大きな規模にしようとしているのか。

第4に、社員の夢になるのか、つまり、会社の掲げたビジョンは、社員の夢に結びつけられるのか。

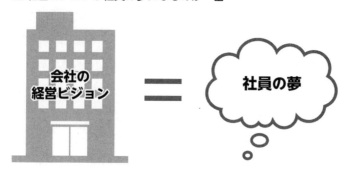

◘ 経営ビジョンが社員の夢になるのが一番

　このなかで、特に第4の項目、会社の経営ビジョンが社員の夢になるのかは最も大切です。会社に入社する社員にとっては、職場の環境や賃金は重要な要素となります。

　しかし、大事なのはそれだけはありません。会社が将来どのような経営ビジョンを掲げているかも、会社で働くうえで大変重要な要素です。会社の経営ビジョンと自分が会社で実現しようとしている夢が一致することによって、社員は仕事にやりがいがでてきます。

　こうしたことから、経営ビジョンは「社員の夢となりうるのか」は、十分に考慮したいものです。この経営ビジョンで、会社の方向が決まってしまうだけではなく、社員の夢が決まってしまいます。

　このため、経営ビジョンはしっかり考えていただきたいと思います。

④・⑤　外部環境・内部環境を分析する

　経営計画では、自社のおかれている現状について分析します。

　具体的には、自社を取り巻く外部環境と自社の内部環境をみていきます。外部環境と内部環境の分析手法には、SWOT分析があります。(米国スタンフォード大学で考案され経営戦略のツールとして利用されている)

　これは、外部環境を「機会（Opportunities）、脅威（Threats）」という点からみて、内部環境を「強み（Strengths）」、「弱み（Weaknesses）」という点からみるものです。

　SWOT分析という名前は、英語の頭文字からきています。

　このSWOT分析を表にあらわすと次のようになります。

◆ SWOT分析表

	よい影響がある	悪い影響がある
外部環境	機会（Opportunities）	脅威（Threats）
内部環境	強み（Strengths）	弱み（Weaknesses）

経営計画については、この手法は、企業の現状を知るうえで活用できます。具体的な事例もあげて説明していきます。

まず、外部環境を分析していきます。

外部環境については、政治環境、経済環境、社会環境、技術環境、市場環境、労働環境、資金環境などの点を分析していきます。

そして、この外部環境について、SWOT分析により、「機会（チャンス）」と「脅威（問題）」から分析していきます。

「機会（チャンス）」というのは、自社にとって、外部環境がチャンスとなっていることをあげていきます。この外部環境は、一般的に1つの企業で左右できるものではありません。

たとえば、建設業では、政治環境面でみると住宅ローンの減税等により住宅税制が充実した場合はチャンスになります。また、社会環境面では、住宅、建築のバリアフリー化が推進されていますが、高齢者用住居の推進という点でチャンスです。

さらに市場環境面をみると、近年、高齢者、防災、環境の関心が高まっていますがその分野での建設の発展性があり、チャンスになります。

一方、「脅威（問題）」というのは、自社にとって、外部環境が問題となっていることをあげていきます。公共工事を手掛けている建設業では、政治環境面でみると公共投資が毎年削減される場合は、市場が縮小してくるため「脅威」としてあげられます。また、社会環境では現在人口減少の傾向にありますが、住宅着工面からみると縮小していくため問題となります。さらに市場環境面をみると、建設需要の規模を示す建設投資額が低迷している場合は建設需要が伸び悩んでいるために問題点となります。

次に、内部環境を分析していきます。

内部環境については、自社の持っている財務力、人材力、商品力、サービス力、

営業姿勢などの点を分析していきます。

そして、この内部環境について、SWOT分析により、「強み」と「弱み」から分析していきます。

内部環境の「強み」というのは、自社にとって内部環境が他社より優れている点をあげていきます。

建設業であれば、商品力で「自社に独自の工法が開発されており、他社より低コストで建設できる」などは強みになります。

一方、内部環境の「弱み」というのは、内部環境が他社より劣っていることをあげていきます。

人材力で「人材教育がなく社員の退職率がきわめて高い」などは弱みになります。

⑥ 経営目標を作る

経営目標は、経営ビジョンの実現のための具体的な目標です。

会社の将来のあるべき姿（夢）を実現するためには、単なる願望だけでは実現しません。具体的な経営目標を掲げる必要があります。

経営目標としては、定量的な目標と定性的な目標があります。

定量的な目標には、次のようなものがあります。

A. 売上高を目標とする

売上高は、計数としては非常にわかりやすい数字であるため、よく目標として使われます。この目標により、社員は設定した売上拡大を目指すことになります。しかし、この目標だけだと売上は上がっても利益が出ないという場合が想定されます。このため、売上を目標の数字とする場合は、利益目標の設定も望まれます。

B. 営業利益を目標とする

会社は、利益を上げることが第一の目的となる場です。このため、会社の目標としては、利益を上げることが最優先です。そして、利益のなかでも営業利益は、営業活動で得た利益であるため売上高と同様にわかりやすい目標です。

C. 総資本営業利益率（営業利益÷総資本×100%）を目標とする

総資本営業利益率は、会社の全資本でどのくらいの営業利益を上げたか判断するもので、会社の収益性を総合的に見る点では優れています。業界の指標や過去の指標などを参考にして率を決定していきます。

D．売上高営業利益率（営業利益÷売上高×100％）を目標とする

売上高に対してどれだけ営業利益を上げたかを示すもので、利益率の高さを見る点で指標として優れています。これも、総資本営業利益率同様に業界の指標や過去の指標などを参考にして率を決定していきます。

定性的な目標には、次のようなものがあります。

A．自主固有の技術の開発を図る

中小企業では、取引先企業の下請になっている場合が多くあります。下請の場合、親企業から決められた単価がある、度重なるコストダウン要請があるなどにより、思うような利益はなかなかあがりません。こうしたことに対応するために、自主固有の技術の開発が求められます。脱下請化を目指すのであれば、独自の専門的な技術開発が目標となります。

B．新分野への進出

既存市場が成熟している場合は、広く新たな事業分野に活路を見出すことも選択肢の1つです。培ってきた技術を応用するなどして、新分野進出を目標にたててみましょう。

C．社内の仕組みの再構築

コンピュータの導入などにより、手作業による事務を機械化したり、事務の迅速化と合理化に取組むことなどが考えられます。ただし、コンピュータの導入は、初期費用が相当必要となるため、費用対効果をしっかり検証する必要があります。

D．サービスの向上

業種にもよりますが、接客サービスであれば、接遇の向上を図るのが重要な要素となります。訓練や方法を変えることなどによりサービスを向上させ、顧客からの信頼をさらに得ていきます。

いままであげた定量目標も定性目標も、経営目標としては、ごく一部です。自社の経営形態に適した目標を設定していく必要があります。

⑦　経営方針を作る

経営方針とは、経営目標を達成するために、自社の経営資源をどのように活用していくのか決めていくことです。経営資源の定義については、さまざまな考え方がありますが、ここでは、「人」、「物」、「金」、「情報」の枠組みで考えていきます。

なお、中小企業基本法では、経営資源について、「設備、技術、個人の有する

知識及び技能そのため事業活動に活用される資源をいう」と規定されています。

さて、この経営資源である、人、物、金、情報について基本的なものを考えていきます。

第1の「人」は、次のようになります。

A．組織のあり方

どのような組織体制を組んでいくのかを考えます。事業部制や機能別組織など、いろいろな組織形態はあると思いますが、経営目標を達成するための組織を考えていきます。

B．人材の育成・活用

どのように人材を育成または活用していくのかを考えていきます。

第2の「物」は、次のようになります。

A．設備の取扱い

現在所有している設備をどのように取扱っていくのか、また、新たな設備が必要なのかを考えていきます。

B．製品（商品）の取扱い

現在の製品（商品）をどのように取扱っていくのか、また、今後どのような製品（商品）構成にしていくのかを考えていきます。

第3に「金」は、次のようになります。

A．運転資金

運転資金を含む日常の資金をどのように調達していくのかを考えていきます。

B．設備資金

設備投資にかかる資金をどのように調達していくのかを考えていきます。

C．開発資金

新製品開発や新技術開発に伴う資金をどのように調達していくのかを考えていきます。

第4に「情報」は、次のようになります。

A．定量的な情報

経営情報、原価情報、販売情報などの数値情報をどのように取扱っていくのかを考えていきます。

B．定性的な情報

市場情報、顧客情報、技術情報、商品情報や人事情報など定性的な情報の管理

をどのように取扱っていくのか考えていきます。

また、社内のシステム化をどのようにしていくのかも考えていきます。

⑧ 目標利益計画を作る

目標利益計画を作成します。

目標利益計画は、経営目標をもとに3か年の目標利益計画を作成します。

まず、目標利益計画の形式を説明します。目標利益計画には、決まった形式はありません。ここでは、目標利益計画としては、売上高、売上原価、売上総利益、一般管理費等（販売費含む）、営業利益の損益項目で作成しています。

なお、損益項目については、自社の現状に応じて、売上原価に材料費、労務費、経費などの内訳を設定します。また、一般管理費等も内訳として、人件費、リース料、減価償却費など設定してもよいでしょう。営業利益のほか、営業外損益や経常利益などの損益項目を加えたりしてもよいでしょう。

次に目標利益計画の記入の仕方を説明します。

目標利益計画の計数は、設定した経営目標と3か年の事業展開などを予測して3か年の損益数字を決定していきます。

右側の実績欄には、当該年度の決算が終了後に、その実績を記入します。

そして、当初設定した目標と実績差額について「成果と反省」欄にコメントを記入します。

基本的な項目による目標利益計画の例としては、次のようになります。

◆ 目標利益計画（例）

(単位：百万円)

項　目	10年度計画	11年度計画	12年度計画	10年度実績	成果と反省
売上高	1,200	1,300	1,400	1,200	売上高は計画通り達成した。一方、人件費が増えたため営業利益は計画を下回った
売上原価	960	1,040	1,120	960	
売上総利益	240	260	280	240	
一般管理費等	180	195	210	200	
営業利益	60	65	70	40	

⑨ 月別目標利益計画を作る

3か年の目標利益計画を設定したら、次に初年度目標利益計画を作成します。これは、毎月、目標利益計画が実際に予定通り推移しているのかをみるために作成します。項目は、目標利益計画と同じ損益項目で月別に計画し、毎月実績を記入できるようにします。

月別目標利益計画の作成は、年度単位の目標利益計画を12等分し、月次単位に割り振ります。ただし、季節変動の大きい会社については、過去の季節変動の実績を分析し作成する工夫が必要です。

◆ 月別目標利益計画（例）

(単位：百万円)

項目	区分	○月	○月	○月	○月	○月	○月	○月	○月	○月	○月	○月	○月	合計
売上高	計画	100	100	100	100	100	100	100	100	100	100	100	100	1,200
	実績													
売上原価	計画	80	80	80	80	80	80	80	80	80	80	80	80	960
	実績													
売上総利益	計画	20	20	20	20	20	20	20	20	20	20	20	20	240
	実績													
一般管理費等	計画	15	15	15	15	15	15	15	15	15	15	15	15	180
	実績													
営業利益	計画	5	5	5	5	5	5	5	5	5	5	5	5	60
	実績													

⑩ 主要施策を作る

主要施策は、経営目標、目標利益計画を基に作成します。

全社に共通する施策については共通部門として作成し、部門固有の施策は、各部門で作成します。

また、主要施策は、各部門について3か年に渡って作成します。主要施策の例は、次のようになります。

◆ 主要施策（例）

部門	○年度	○年度	○年度
共通部門	●ISO9001の認証取得 6月より取得準備開始	●ISO9001の認証審査	●ISO27001の認証取得 4月より取得準備開始
	●改善提案活動の導入 4月～3月まで	●改善提案活動の定着 4月～3月まで	●QC活動の導入 4月～3月まで
営業部門	●東京エリアの新規先拡大 20先開拓	●栃木エリアの新規先拡大 20先開拓	●茨城エリアの新規先拡大 20先開拓
	●既存先の売上拡大 1億円の増加	●既存先の売上拡大 1億円の増加	●既存先の売上拡大 1億円の増加

次に、主要施策の内容について具体的に説明します。

第1は、主要施策の施策数について

主要施策の施策数は、次のようにします。

前述のフォーマットでは、各部門で2つの施策にしてありますが、原則として数は問いません。しかし、あまり、あれもこれもと施策を広げすぎるよりは、当該年度に必ずやらなければならない重要な施策をあげていただきたいと思います。さらにそのなかで優先順位を付け、重要度の高い施策に的を絞り選定しましょう。

　第2は、主要施策の選定について

　主要施策は、次のように選定します。

　A．経営目標とリンクした施策を選定すること

　経営目標にリンクした施策を選定してください。経営目標にリンクしなければ経営目標を達成することができません。部門長の勝手な判断で部門のやりたいことを選定することはしないでください。また、施策は、目標利益計画の計数も意識して作成してください。

　B．定量化できる施策を中心にすること

　施策は、その施策の効果がわかるために定量化できる施策を中心にします。ただし、定量化できない施策でも、経営目標と目標利益計画を達成するために重要であれば、施策としてのせます。

　C．施策が実際に行動計画として展開しやすいものにすること

　施策は、実際の行動計画に落とし込める内容である必要があります。施策としてあげても、月次の行動計画として計画することができなければ進展しません。

　D．経営者、部門長がよく協議して決めること

　部門独自に施策を設定してもいいのですが、施策によっては、経営者や他の部門の協力が必要なものもあります。その場合は、経営者や他の部門と良く協議して設定してください。共に共通認識をもつことが大切です。

　最後に、主要施策を作成するうえで注意すべき点を次にあげます。

　A．難しい施策をあげてしまう

　経営目標を早く達成しようという思いから、初年度からいきなり難しい施策を作成してしまうことがあります。

　B．実施しやすい施策をあげてしまう

　実施しやすい施策は、達成はしやすいものとなりますが、期間が限定されている経営目標や目標利益計画を達成できません。

C. 施策が抽象的な表現になってしまう

施策に「努力する」などの抽象的な表現を使う場合があります。それでは、行動計画も同様に抽象なものとなってしまいます。

⑪ 行動計画を作る

行動計画とは、主要施策で掲げた施策を具体的に行動目標に展開していくことです。

行動計画は、次のように月別に1年間作成していきます。

A. 具体的行動内容

主要施策で実施すると決めた内容について、具体的にどのようなことを実施していくかを決めます。

B. 責任者

具体的に決めた行動計画を主体となって遂行する者を責任者として記載します。

C. 計画線

具体的行動内容をいつから始めていつまでに終了にするのか、期間がわかるように計画欄に線を引きます。

D. 実績線

具体的行動内容をいつから始めていつまでに終了したかを実績欄に線を引いていきます。

E. 成果と反省

具体的行動内容を実行した結果、どのような成果になったかを記載します。また、成果について問題などがなかったか検証し記載します。

◆ 行動計画（例）

部門	具体的行動内容	責任者	区分	○月	○月	○月	○月	○月
○○部門	5Sの導入（整理・整頓実施）	山田太郎	計画					
			実績					

(4) 経営計画作成のメリット

【社内のメリット】

A．社員のやる気があがる

従来のように、今年度の売上目標だけ明示されてその売上を達成しても、将来自分たちがどういう位置付けになるのかわからないと、やる気がなかなか出ません。

経営計画により、3年後あるいは5年後に会社はこうなりたいというきちんとしたビジョンが明示されることにより、社員はそのビジョンを達成しようとする意欲が出てくるものです。

B．会社の目指す先が明確になる

経営計画により、経営ビジョンが明示されます。

それにより、経営目標も定められますので、会社の目指す先がはっきりします。社員にとっては、行き先が明確なので迷うことなく進んでいくことができます。

C．効率的な経営ができる

経営計画に基づき事業活動していくため、ムダな行動がなくなります。3年後あるいは5年後の全体の目標が設定され、その目標に基づき各部門が部門目標を設定し活動していくため、部門間の行動が統一されそれぞれが違った方向に向かうことがなくなります。

D．自社の外部環境が明確になる

普段、業界の動向は、関連した新聞などで理解しているものの、外部環境を分析する機会はなかなかありません。

自社の置かれている経済環境、競争環境、市場環境、労働環境、業界環境などを分析して自社の外部環境がどのように変化しているかを掴むことできます。

○月	○月	○月	○月	○月	○月	○月	成果と反省

E. 自社の力を知ることができる

経営計画のなかで内部環境を分析するため、自社の強みと弱みがわかります。このため、たとえば商品で言えばどの製品やサービスが業界において強いのかが明確になり、逆にどの製品やサービスが弱いのかなどもわかります。また、財務面や労働面などからも自社の強みや弱みを理解することができます。

F. 金融機関の評価の向上が期待できる

経営ビジョンを掲げて経営目標や目標達成のための施策・計数をきちんと記載した経営計画を作成していくことは会社の方向性が明確になり、金融機関の評価向上につながるものと思われます。

【金融機関のメリット】

A. 会社の将来がわかる

経営計画がない会社の場合、会社がどのような方向に向かっているのかわかりません。経営計画があると金融機関は、取引先である会社がどのような将来を描いているかを知ることができます。

B. 会社へのアドバイスがしやすい

経営計画があることにより、会社のビジョンや行動計画が明確になるため、金融機関も共通認識を持ってそのビジョンに向けて応援することができます。具体的には、会社の経営計画で問題が発生した場合、金融機関として問題点の解消に向けてアドバイスできます。また、経営計画の進捗状況を一緒に検証し、改善のためのアドバイスをすることができます。

C. 資金面で支援しやすくなる

経営計画のない会社の場合は、その会社がどの方向に行こうとしているのかが明確にわかりません。

このため、どうしても会社は成り行き的な管理になり、その結果、収入と支出の管理も成り行きとなり、突然資金がショートする可能性もでてきます。

経営計画によりあらかじめ目的が明確になっている資金用途であれば資金支援はしやすくなりますが、突然の資金ショートには、金融機関も対応できないケースが発生してしまいます。

経営計画で資金管理を明確にすることになり、金融機関が支援しやすくなります。

####　D.　会社の計画している内容と進捗状況を把握することができる

会社がどのような設備投資や実施計画を予定しているのか経営計画により把握することができます。

そして、経営計画の進捗を継続的に確認することにより、経営計画で予定していることが予定通りに進んでいるのかを検証することができます。また、設備資金等で融資した設備が有効に稼動しているかも確認できます。

さらに、月次の予算実績管理により、資金繰り状況も把握でき、融資金の返済計画が予定どおり進むかどうかも確認することができます。

####　E.　債務者区分の引き上げにつながる

経営計画により、会社のビジョンと経営目標が明確になり、経営目標が達成され業績が向上していけば、企業の評価が向上していきます。

その結果、債務者区分の引き上げにつながっていきます。

(5)　経営計画を作成しない会社の問題点

数値計画を中小企業では経営計画と呼んでいる場合もありますが、これは経営計画とはいえません。数値計画は単に数値の目標計画なので、そこを間違えないようにしましょう。数値計画とは何か、なぜ数値計画だけだと問題があるのかについてみていきましょう。

①　数値計画の内容

#####　A.　通常の数値計画

数値計画の基本構成は、損益計画書を基本として、売上、売上原価、売上総利益、販売費一般管理費、営業利益となっています。

#####　B.　金融機関から借入がある場合の詳細な数値計画

金融機関に提出する数値計画は、損益計算書を基に、将来5年間あるいは10年間の推移を予測した数値で作成したものです。

その構成は、売上、売上原価（内訳含む）、売上総利益、販売費一般管理費（内訳含む）、営業利益、営業外損益、経常利益、特別損益、税引前当期純利益、法人税等、税引後当期純利益の構成となっています。

また、借入金の返済も考慮するため、キャッシュフロー（税引後当期純利益＋減価償却費）と返済額も加えて作成しています。

◪ 詳細な数値計画（例）

(単位：千円)

項　　　目	第○期(実績)	第○期(計画)	第○期(計画)
1.売上高	100,000	×××	×××
2.売上原価	80,000	×××	×××
材料費	30,000	×××	×××
労務費	40,000	×××	×××
経費　経費(除く減価償却費)	9,000	×××	×××
減価償却費①	1,000	×××	×××
3.売上総利益	20,000	×××	×××
4.販売費一般管理費	15,000	×××	×××
人件費	5,000	×××	×××
その他経費	9,000	×××	×××
減価償却費②	1,000	×××	×××
5.営業利益	5,000	×××	×××
6.営業外損益(支払利息等)	1,000	×××	×××
7.経常利益	4,000	×××	×××
8.特別損益	0	×××	×××
9.税引前当期純利益	4,000	×××	×××
10.法人税等	1,600	×××	×××
11.税引後当期純利益③	3,400	×××	×××
減価償却費(①+②)=④	2,000	×××	×××
キャッシュフロー(③+④)=⑤	5,400	×××	×××
返済額⑥	1,000	×××	×××
差額⑤-⑥	4,400	×××	×××

② 経営計画が数値計画になってしまう理由

経営計画が数値計画になってしまいがちな理由には、考えられるものとして2つあります。

まず1つ目の理由として、中小企業では、経営者が売上目標の設定や資金繰りの作成など普段から数値中心の経営をしているため、損益を中心とした数値計画だと作成が容易だという点があります。

また、2つ目の理由として数値計画中心の経営計画だと経営者だけで作成できるため、時間もかからず速やかに作成できることがあげられます。

③ 数値計画の問題

A. 数値の根拠がわからない

経営計画は長期に渡り作成することになりますが、売上や費用は将来の需要予測を加味していくと必ずしも毎年一定ではありません。しかし、こうした変化を

数値だけで作成すると、数値の根拠がわからず、それを基に社内で経営計画として推進しても社員の理解が得られません。

また、債務超過がある会社の場合、早く正常な状態にしたいために無理な利益を計上して数値計画を作成していることがあります。しかし、取引金融機関からその数値にした根拠を聞かれても答えることができず、結局、数値計画の見直しをしています。

B．目標を達成する方法がわからない

経営計画を数値計画だけで作成した場合、作成した数値計画を達成するために、何をどのようにしていくかについて方法がわかりません。

そのため、数値計画を上げるための具体的な施策と行動計画が必要になりますが、経営者のなかには目標となる数値計画を作成して、現場はその数値を目指し頑張れといって叱咤激励しているケースをみかけます。これでは、現場は何をもって数値計画を達成するのかわからないのでやりようがありません。当然、数値計画は絵に描いた餅となり未達になってしまいます。

【コンサルティングのポイント】

①経営計画の役割を説明

数値目標だけ記載された経営計画ですと、具体的にどのように数値目標を上げていくのか、また、どのように行動していくべきなのか社員にとってはわかりません。このため、正しい経営計画を作成する必要があります。

②経営計画の作成が難しいと考える時

そこでおすすめしたいのが、A4用紙1枚で作る経営計画書です。全体を俯瞰できますし一覧性があります。作成方法は簡単で、11の課題に添って記載していくだけで完成します。

③経営計画は実行が大切です

経営計画は、作って終わりではありません。その計画がきちんと実行されているか定期的にチェックしていくことが大切です。期末にチェックして仮に実績が目標を下回っている場合でも、その時期では何も対応できません。そうなる前に毎月、目標数値や具体的な行動計画が予定通り進んでいるかを検証していくようにしましょう。

経営計画書のフォーマット

【計画期間：令和〇〇年度〜令和〇〇年度】

経営計画書

（副題：　　　　　　　　）

〇〇年度

令和〇〇年〇〇月〇〇日作成

1. 意義

2. 経営理念

3. 経営ビジョン（3年後あるいは将来）

4. 外部環境

〇〇環境
〇〇環境
〇〇環境
〇〇環境

5. 内部環境

強み	
弱み	
その他環境	

6. 経営目標（3年後）

7. 経営方針

8. 目標利益計画

(単位：百万円)

項目	〇〇年度計画	〇〇年度実績
売上高		
売上原価		
売上総利益		
一般管理費等		
営業利益		

9. 〇〇年度の月別目標利益計画

(単位：百万円)

項目	区分	〇月	〇月	〇月	〇月	〇月	〇月	〇月	〇月	〇月	〇月	〇月	〇月	合計
売上高	計画													
	実績													
売上原価	計画													
	実績													
売上総利益	計画													
	実績													
一般管理費等	計画													
	実績													
営業利益	計画													
	実績													

10. 主要施策

部門	〇〇年度	〇〇年度	〇〇年度
〇〇部門			
〇〇部門			
〇〇部門			
〇〇部門			
〇〇部門			

11. 〇〇年度の月別行動計画

部門	具体的行動内容	責任者
〇〇部門		
〇〇部門		
〇〇部門		
〇〇部門		
〇〇部門		

12. 〇〇年度の総括（成果と反省）

成果と反省

2. カステラ製造会社のコンサルティング事例

(1) 現況

　A社は、地方都市にある創業30年以上のカステラ製造会社です。売上高は5.5億円、社員は50名。

　カステラのみを製造しており、地元では老舗として知られています。外部環境としては、競合他社が多く、卸先や直販店なども価格競争になっているため、利益は減少傾向にあります。販売商品は、種類は多いものの、看板商品がありません。また、管理体制の非効率化や、諸経費が増加傾向にあるなどの課題も抱えています。

(2) 業績低下の主な原因

- 成り行き的な経営により、計画性がないために、徐々に業績は悪化しているものの対策を講じていない。
- 直販小売部門は、他店との競合により採算が悪化している。
- 工場は、効率的な運営がされておらず、発注に応じて運営しているものの人件費などの諸経費が増加傾向にある。
- 人材は高齢化してきているが、後継者を育てる環境がないために、技能伝承ができない状態にある。

(3) 対策

- 金融機関からも経営改善の要請があったため、経営計画を作成し計画的な運営に切り替える。
　とくに次の点に力を入れていく。
- 新商品開発に力を入れるとともに、新規取引先の開拓をしていく。
- 工場の効率化を図るとともに、人材育成によりスキルアップを図る。

(4) 実施

- 経営計画の作成に着手した。
- 経営計画については、社長のもとに経営計画委員会を立ち上げて、作成することにした。

① 経営計画作成

具体的には、以下のような経営計画を作成しました。

まず、**経営計画の意義**ですが、自社の置かれている立場と課題を明確に示すとともに、目指す先もしっかり打ち出しました。なぜ経営計画を立てるのかを社員全員がしっかり理解していると、実際に経営計画を進めていく場合に現場ではスムーズに運びます。

次に、**経営理念**は、「カステラで家庭に笑顔を届ける。カステラのおいしい味を追求する」としました。このモノサシをモットーとして活動していくことになります。

経営ビジョンは、「地域シェアNo.1」としています。過当競争下にあるカステラ業界において、シェアNo.1になることは容易ではありません。しかし、シェアNo.1こそが地場で生き残る道と考えています。社員にとっても、わかりやすいビジョンです。

外部環境は、政治環境から市場環境までコンパクトにまとめました。自社の置かれている環境を理解することは、その環境に適用した行動をとることができます。外部環境にしっかり適用した行動をとっていくことが重要なポイントになります。

内部環境は、自社の強みを3点あげました。わが社の武器はこれだということを押さえていると自信を持って進んでいくことができます。

一方、自社の弱い点も3点捉えています。これが自社の課題だということがわかります。弱点をしっかり理解していれば、それを克服する手段が明確になります。

経営目標は、定量的な目標として、売上高と売上高営業利益率を上げ、定性的な目標としてカステラ素材の○○新商品開発を上げました。売上高と利益を押さえてバランスをとっています。また、新商品開発を目指します。

経営方針は、経営目標、環境、利益計画を基に、会社として取組むべき方針を4つの視点（人、物、金、情報）から作成しました。

目標利益計画は、経営目標を基に作成しました。

また、年度内の**月別目標利益計画**も季節要因を考慮して作成しました。

主要施策は、目標利益計画を基に、部門別に実施していく課題を期日と定量的にあげました。期日と定量は年度で成果を図れるのでとても大切なキーワードで

す。

　行動計画も主要施策を受けて、月別に具体的にどのような仕組みで実施していくのかが必要になります。行動計画では、ただ、施策を実施していくということではなく、どんな仕掛けで進めていくのかが重要です。行動計画は、日常実際に活動していく内容にしています。

　②　新商品開発と取引先の拡大

　新商品開発については、当社の専務を中心に開発チームを作成し実施しました。また、県の制度を利用して開発の専門家を招聘し、指導を受けることにしました。

　③　工場の効率化を図るとともに人材育成を推進

　工場の効率的運営については、作業の標準を推進するために作業手順書を作成することにしました。

【作業手順書の作成】

作業手順書の作り方は、次のように行いました。

①　責任者と担当者が手順書を作る作業名、作業範囲を選択します。

②　作業を分解して、手順を書きだします。

③　②において、作業のポイントとなる点や過去にミスが発生している点を別途記載します。

④　作業上において、必要な知識があれば書き出します。

⑤　作業手順を決めて、手順書案を作成します。

⑥　手順書案を管理者に提出して決裁を受けて完成です。

⑦　手順書を定期的あるいは必要に応じて更新します。

また、人材育成については、次の手順により行いました。

　大まかな流れとしては、まずスキルマップを作成し、それに基づいて、スキルアップ計画でスキル指導していきます。

【スキルマップ／スキルアップ計画・実績表による人材育成】

①スキルマップを作成しました。スキルマップは、各部門で必要なスキル（知識、技能）を選択し、現在の個人別の能力を図表にしたものです。体系的に部門に必要な能力を知ることができ、能力開発に役立ちます。

②スキルマップを基にスキルアップ計画・実績表でマルチスキル化を進めました。スキルアップ計画・実績表を活用し、指導を受ける者と指導者を決め、年間計画を立てて計画的に教育を進めました。

経営計画書

カステラ製造会社
【計画期間：〇年度～〇年度】
（副題：プロジェクト 77）

〇年度　〇〇年〇月〇日作成

1. 基本

当社を取り巻く状況としては、県全体として人口減少の傾向にあるにもかかわらず、カステラに関しては減少傾向にある。一方、社内の注力商品の繊維化が進まず苦戦を強いられる状況となっている。こうした状況において、当社の経営基盤を強化するために、今回、経営改善計画を作成し、この経営改善計画に従って、主要な施策を実行していく。経営ビジョンは、「〇〇地域のNo1であり、売上高7億円、売上高営業利益率7%という経営ビジョンの達成を目指すにあたり、プロジェクト77のサブタイトルを付けた。77とは、売上高7億円、売上高営業利益率7%という。また、全員に経営計画の目標をわかりやすくするために、「〇〇地域でのシェアNo.1」とする。

2. 経営理念

1. 経営改善で、業績に実現を目指す。
2. カステラのおいしい味を追求する。

3. 経営ビジョン（3年後または将来）

〇〇地域のシェアNo.1になる。

4. 外部環境

政治環境（政治）：法人需要は国内の個人が強まる和菓子のニーズも増加している。
経済環境（経済）：低金利政策が続き、為替相場で推移している。
社会環境（社会）：人口減少と小家族化、少子高齢化が進んでいる。
市場環境（市場）：消費者のインターネットやSNSの普及から、容器が取りにくい商品が増えている。
市場環境（市場）：お客様の嗜好が多様化し、定番商品が少なく、新商品が売れている。
その他環境：カステラの老舗の地盤が固く、なかなか新しい商品が開発できない。

5. 内部環境

強み
（人）創業34年の歴史を持ち、3代目として地域の信頼を得ている。
（物）地域では、当社のカステラの味の二ーズが定着している。
（金）独自のカステラ製造技術が確立しており、加盟店より高いカステラを開発している。
（情報）世代交代が進んでいる中で、良い商品が求められている。

弱み
（人）付加価値の高い商品があれば、新商品開発が遅れている。
（物）お客様の年齢層が高く、若い世代の購入が少ない。
（金）労働人口が減少している。
（情報）カステラ工場内の老朽化が進んでいる。

6. 経営改善項目（3年後）

1. 売上高 7億円
2. 売上高営業利益率 7％
3. カステラ素材の〇〇商品の開発

7. 経営方針

（人）人材教育を通じて能力開発を行う。
（物）新規機械導入等により生産効率化を推進する。
（金）原価低減、運転資金の管理を徹底する。
（情報）社内システムを整理し、業務効率化を図る。

8. 〇年度月別目標利益計画

（単位：百万円）

項目	区分	〇年計画	〇年実績	〇年計画
売上高		600		650
売上原価		360		357
売上総利益		240		293
販売管理費		210		254
営業利益		30		40

9. 〇年度の月別目標利益計画

（単位：百万円）

区分		4月	5月	6月	7月	8月	9月	10月	11月	12月	1月	2月	3月	合計
売上高	計画	40	40	60	80	40	40	40	40	60	80	40	40	600
	実績													
売上原価	計画	16	16	24	36	16	16	16	16	24	36	16	16	240
	実績													
売上総利益	計画	24	24	36	48	24	24	24	24	36	48	24	24	360
	実績													
販売管理費	計画	14	14	21	28	14	14	14	14	21	28	14	14	210
	実績													
営業利益	計画	2	2	3	4	2	2	2	2	3	4	2	2	30
	実績													

10. 主要施策

部門	〇年度（4月～3月）	〇年度（4月～3月）	〇年度
共通部門	・5S活動の導入・推進 ・HACCPの導入 ・認証取得9月開始	・改善提案制度の推進 ・新人事制度の構築 ・HACCPの認証取得 ・認証審査6月合格	・改善提案制度の見直し ・賃金体系の見直し ・HACCPの継続
営業部門	・新規開拓チャネルの開拓 ・2号店開拓 ・ネット店舗販売の推進 ・新商品の開発と販売体制の構築	・新規販売ルートの開拓 ・百貨店への出店 ・直営店2号店、経営2年後15%増 ・新規店舗に出す ・店舗2店の開設 ・新商品の開発	・イベント等の推進 ・1年間展示 ・新規店舗に出す ・1店舗の開設 ・新商品の開発
製造部門		・工場の6名人化 ・新商品の開発と標準化	・作業手順書の完成 ・経費の6%削減
総務部門	・受発注システム導入、在庫10%削減	・社員の定着をマニュアル化による各種プログラムのスキルアップ ・資金繰り表による資金管理 ・経理基準の見直しの構築	・社員のスキルアップと入社員のスキルアップ ・評価・実績表に代わる社員の管理を行い在庫10%以下にする。

11. 〇年度の行動計画

部門	具体的行動内容	責任者	区分	4月	5月	6月	7月	8月	9月	10月	11月	12月	1月	2月	3月	成果と反省
共通部門	・5S活動委員会を立ち上げ、会社全体で5S活動を実施。	5S委員長	計画													
			実績													
	・HACCP委員会を立ち上げ認証取得を実施する。	専務	計画													
			実績													
営業部門	・新規開拓をリストアップしてルール化する。（2年は継続する）	営業部長	計画													
			実績													
	・社内のネット販売を充実する。（年内にスタートさせる・追加）	営業部長	計画													
			実績													
製造部門	・社内で2種類の新商品を開発する。	製造部長	計画													
			実績													
	・作業リーダーを中心に改善活動に参加させる。	開発リーダー	計画													
			実績													
総務部門	・受発注システムを導入して在庫を10%削減する。	総務部長	計画													
			実績													

12. 〇年度の総括（成果と反省）

(5) 改善結果

① 計画により計画的な経営を達成

毎年の経営計画を作成することで、計画的な経営をすることができました。また、目指す経営ビジョンも明確になったために、社員のやる気の増加につながりました。

一方、売上や利益の計数については、予算と実績の比較を分析して改善していったために、予定通りの結果となりました。

② 新商品開発と営業開拓の実現

新商品開発については、当社独自のブランドカステラを作ることができ、取引先から好評を得ています。また、新製品は高額商品であり、利益率も高いものとなっています。

また営業開拓に関しては、新規の百貨店の獲得ができるようになりました。

③ 工場の効率化と人材育成

工場の効率化に関しては、作業手順書により効率的な運営ができるようになりました。

また、人材育成もスキルマップとスキルアップ計画・実績表に基づき行うことができました。

経営基盤確立のための
コンサルティング術

2 経営基盤確立のための コンサルティング術

▶経営基盤を確立していくには、5Sと改善提案制度が重要です。
5Sは、会社の質と社員の質を上げるだけでなく、しっかりとした会社の基盤を作ります。一方、改善提案制度は、仕事の創意工夫について提案してもらう制度で、仕事を効率的に進めるとともに仕事の問題点を解決することができます。

1．コンサルティングの基本は5S

⑴　5Sとは

5Sは、整理（SEIRI）、整頓（SEITON）清掃（SEISOU）、清潔（SEIKETSU）、躾（SHITSUKE）という5つの言葉のローマ字からきています。

この5Sの定義は、次のようになります。

整理…「要るものと要らないものを分けて、要らないものを捨てること」です。
　　　　ポイントは、「捨てる」です。

整頓…「ものの置き場を決め、使ったものを必ず所定の場所に戻すこと」です。
　　　　ポイントは、「元に戻せる」です。

清掃…「汚れた場所を掃除し、きれいにすること」です。ポイントは、「きれい」です。

清潔…「整理、整頓、清掃により、きれいな状態を維持すること」です。
　　　　ポイントは、「維持」です。

躾……「職場のルールを守ること」です。ここでのポイントは「守る」ことです。

⑵　5Sの組織作り

①　5Sを推進するための組織作り

5Sを活動していくための組織として、まず5S委員会を設置します。

②　委員会の設置

5S委員会は、次の図のように設置します。

◘ 5S委員会設置（例）

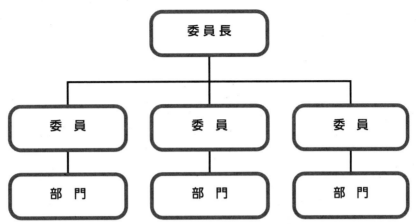

A. 委員長の選出

委員長は原則社長がなります。トップ主導型の方が速やかに進行するためです。しかし、企業の規模などにより、社長が担当できない場合もあります。その場合は、社長に次ぐ者を任命してください。

B. 委員の選出

委員は各部門より選出します。特に部門長にこだわる必要はありませんが、5Sを推進していく力のある社員を選出してださい。コンサルティングの事例では、推進力のない社員を教育のためといって選出して5Sを進めたものの、本人はやる気がなく結局5Sが停滞してしまったという例もありますので、人選にはくれぐれも注意してください。

③ 5S委員会の役割

A. 5Sの推進計画を作成します。

B. 5Sの教育を行います。

C. 5Sを進めるための道具作りをします。

D. 5S推進のための部門の役割分担を決定します。

E. 5Sの規程作りをします。

F. 5Sの進捗管理をします。

④ 5S委員会の開催

5S委員会は、次のように開催します。

A. 開催の頻度と時間

5S委員会は、月2回開催します。1回あたり1時間程度とします。

B. 委員会の構成

委員会は、委員長と委員から構成します。また、委員長は、委員のなかから書記を任命し、委員会開催の都度、委員会の議事録をとるようにします。

C. 議事録

議事録は、メンバー全員に回覧するとともに誰でも閲覧できるようにします。議事録をとる意義は次のとおりです。

・現在までの進捗管理

　どこまで進んでいるのか、どこに問題があるのかを確認できます。

・委員の意識統一

　議事録により、委員間の認識の違いが生じなくなります。

・5Sの進捗段階がわかる

　活動履歴が残るので、現在の進捗段階がわかります。

⑤　推進ブロックの決定

5Sを推進するために5Sの推進ブロックを決定します。

A. 推進ブロックの決め方

各部門が使用しているブロックは、それぞれの部門で担当します。

また、通路や階段のような共用部分は、5S委員会で協議して各部門に振り分けます。

B. 推進ブロックの割当

・共用部門はよく協議して決めます。
・ブロックの割当は、原則として人数割りで担当するのではなく、使用している部門ごとに担当します。
・ブロックの細分化は、1ブロック5人から10人程度とします。

◆ ブロック図（例）

廊下（共用部分で総務部担当）		
営業部	技術部	総務部
製造部		

⑥ 5S推進計画書の作成

5Sをきちんと進めていくために5S推進計画書を作成します。5Sは、基本的なプログラムを作成しこれに基づいて進めていくことにより、成果につながります。しっかりした計画書を作成して5Sを進めていきましょう。

◆ 5Sの推進計画書（例）

	1月	2月	3月	4月	5月	6月
	準備	整理推進	整頓推進	清掃推進	清潔推進	躾推進
委員会開催	○	○	○	○	○	○
5S教育	○					
5S道具作り	○	○				
定点撮影	○		○		○	
5Sマニュアル作成				○	○	○
5Sパトロール					○	○
5Sコンクール						○

⑦ 5Sのサイクル

5Sは、次のサイクルで繰り返し実施していきます。

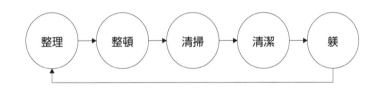

⑧ 定点（カメラ）撮影

5Sの活動前に5Sブロックについてカメラ撮影します。この時、撮影位置、方向を決めて撮影します。

撮影した写真は、社内掲示板に掲示し全員に見せます。また、次に撮影した時は、比較できるようにして改善の違いがわかるようにします。

⑨ 5Sマニュアル作成

5S活動を継続的に進めていくために、5Sマニュアルを作成します。マニュアルでは、特に、整理、整頓、清掃、清潔、躾の手順書を作成します。この手順書により5Sの進め方を統一していきます。

◆ 5Sのマニュアルの構成（例）

```
1. 5Sの目的
2. 5Sの定義
3. 5S委員会
4. 5Sのブロック区分
5. 5Sの啓蒙
6. 5Sパトロール
7. 5Sコンクール
8. 5S手順書
   〜〜〜〜〜〜〜〜〜〜〜
```

⑩　5Sパトロール

5S委員が5Sブロックをパトロールして点検します。

パトロールの時に5Sチェックリストを使用して評価していきますので、そのチェックリストにより、改善をしていきます。

A. 5Sパトロールの手順

a. 事前に5Sチェックリストを作成します。

b. 各ブロックごとに5Sチェックリストで採点します。

c. 5Sチェックリストの結果を各ブロックの責任者に報告します。

d. 各ブロックの責任者は、5Sチェックリストの結果を基に点数の低い箇所を改善していきます。

B. 5Sチェックリストの作り方

5Sチェックリストは、次のように作成します。

a. 事務部門と現場部門とに分けて作成します。

b. 整理、整頓、清掃、清潔、躾のそれぞれについてチェック項目を作成します。

c. チェック項目は、会社が目指している水準を基に作成します。

d. チェック項目の評価は、5段階または3段階で評価します。

⑪　5Sコンクール

5S活動の継続促進のために5Sコンクールを定期的に開催します。

A. 5Sコンクールの目的

a. 日常の5S活動を評価します。

b. 社員のやる気を出させます。

c. 全体のレベルアップを図ります。

◘ 5S チェックリスト（例）

分類	番号	点検項目	よい	普通	悪い
整理	1	不要な手袋が置かれていないか			
	2	不要な工具、計測器が置かれていないか			
	3	不要な治具が置かれていないか			
	4	不要な製品、原材料はないか			
	5	不要な備品が置かれていないか			
整頓	6	通路、置き場の区画線が線引きされているか			
	7	手袋が所定の場所に置かれているか			
	8	工具、計測器が所定の場所に置かれているか			
	9	治具が所定の場所に置かれているか			
	10	製品が所定の場所に置かれているか			

よい：3点、普通：1点、悪い：0点

B. 5Sコンクールの方法

a. 5S委員会が審査します。

b. 上位のグループを表彰します。

C. 5Sの発表会

5Sの改善効果を共有するために5Sコンクールにおいて、改善の発表を行います。

D. 5Sの是正処置

5Sコンクールの審査で指摘されたことは、ただちに是正対象とします。

【整理の進め方】

① 整理とは

「要るものと要らないものを分けて、要らないものを捨てること」です。

② 整理の目的

　整理の目的は、ムダの排除です。そのために、「不要品」の排除活動をしていきます。整理ができていないと、いたるところで要らないものが処分されず放置されます。

　それにより、次のようなことが発生します。

・必要なものが見つからず作業時間がかかってしまいます。

・要らないものに場所を占有され、作業がやりにくくなります。

・要らないものをとってあるために保管コストがかかってしまいます。

③ 整理の手順

A. 整理のルールを明確にします。

整理のルールは、「要るものと要らないものとの判定ガイド」です。これを明確化し、マニュアルにまとめることで、要・不要の判定ができ、不要品を摘出・排除できるようになります。

B. 不要品の判定基準を設定します。

過去の使用実績による基準と将来の予測に基づく基準で判定します。

C. 不要品判定管理表を作成します。

不要品判定は、5S委員会で各部門、対象区域の対象物ごとに作成し、不要品抽出の管理表として作成します。

◆ 不要品判定管理表（例）

対象物（細区分）		不要品期間	不要品判定者	確認者	不要品一覧表記載
原材料	主原料	6か月	主任	課長	○
	補助材料	6か月	主任	課長	○
	端材	6か月	主任	課長	
仕掛品		6か月	主任	課長	○
半製品		6か月	課長	部長	○
製品		6か月	課長	部長	○
治具工具		6か月	課長	部長	○
金型		6か月	課長	部長	○

D. 手持ち管理表を作成します。

手持ち管理表は、治工具、金型、測定具、運搬具などを対象に、手元に保有する数量、種類を使用頻度に応じて設定します。

◆ 手持ち管理表（例）

職場名		製本課（印刷機種別工具類）			
機種	工具名称	使用頻度	手持ち基準		備考
1号機	六角レンチ 4mm	毎日	機種別	1個	
	六角レンチ 5mm	毎日	機種別	1個	
	ドライバー ＋	随時	共有	1個	

【手順】

① 一斉スタート

整理基準と計画が決定したら、整理を開始します。ポイントは、期間を決めて一斉に行うことです。

② 不要品の摘出

不要品の摘出は、要らないものに整理品伝票を貼り整理を進めます。

③ 不要品の判定

整理品伝票に貼られたものに対して伝票と現物を照らし合わせて行います。次に不要品判定管理表に照らして処分方法の判定を行い、結果を不要品一覧表に記録します。

④ 不要品の処分

不要品一覧表を基に廃棄や売却など最適な処分方法を決定し実施します。

【整頓の進め方】

① 整頓とは

整頓とは「ものの置き場を決め、使ったものを必ず所定場所に戻すこと」です。

② 整頓の目的

ムダな時間を省き、できるだけ有効な実労働時間を増やすことにあります。

③ 整頓の手順

〈整頓の基準作り〉

a. 手順書の作成

整頓基準を決め、それを手順書として明確にしておきます。

b. 表示基準

ものの配置や置き場の表示、品名の表示、数量の表示を決めます。

c. 置き場設定基準

ものの置き場が誰でもわかるようにするために、ものの置き場に番地をつけて示します。

d. 容器数量基準

容器への収納数の基準を取り決めておきます。

〈対象ブロックの整頓〉

a. 対象ブロックの明確化

整頓の対象ブロックを明確にします。

b. 配置の決定

整頓対象となるもののそれぞれに配置を明確にします。

c. 表示の決定

材料、部品など表示を決めます。

d. ツールの準備

整頓するための道具を準備します。

e. 整頓のスケジューリング

整頓対象ごとに「いつからスタートして、いつまでに、誰が、何をするのか」を計画します。

f. 実施

スケジュールや分担に従って、各表示、線引きなどの整頓作業を行います。

〈整頓における表示〉

a. ものの配置の決定

配置の基本原則により配置を決定します。

b. 配置場所の整備

配置決定後、5S対象ブロックの整備を行います。

c．配置場所の表示

ものをどこに配置させたかを明らかにする場所の表示を行います。

d．名前の表示

そこに何を置くのか、置くべきものの表示をします。

e．量の表示

適正な量の表示をします。

f．色による区分け

資材・工具などを使用目的別に分類し、そのカテゴリーごとに色を決め確認できる仕組みを作ります。

g．形跡及び型枠の利用

戻しやすくするため形跡を利用したり、型枠を彫りそこに配置する型枠利用をしたりします。

【清掃の進め方】
① 清掃とは
〈清掃の基本的考え方〉

清掃とは、「汚れた場所を掃除し、きれいにすること」です。清掃活動をうまく進めていくためには、まず社員が自分たちの職場は自分たちできれいにしていこうという意識を持つことが重要です。

② 清掃の目的

清掃の目的は、確実な清掃の実施により、汚れなどが原因になって発生する不良品や設備類の故障などを防止することです。

③ 清掃の手順
〈日常清掃〉

日常清掃は、毎日行う短時間の清掃です。この毎日の積み重ねがきれいな職場を維持します。

a. 対象範囲の決定

清掃活動を開始するためには、対象範囲を決定します。

b. 対象区域および担当者の決定

清掃の対象となる区域を明確にします。次に清掃の担当部署や担当者を決め清掃担当者マップを作ります。

c. 時間帯と所要時間の決定

清掃を行う時間帯はあらかじめ決めておき、その時間帯に社員全員で一斉に行います。

d. 清掃方法の決定および用具の準備

清掃方法は、清掃の対象により異なります。清掃方法を決定し、それらを実行するための用具を準備します。

e. 清掃の実施

清掃の対象ごとに定められた担当者が、所定の用具を使い、所定の方法で清掃を実施します。

f. 定期的な実施状況のチェック

清掃チェック表を用いて定期的にチェックすることが必要です。

g. 定期的なルールの見直し

清掃のルールを定期的に見直すなどして継続的な改善に努め、最適な清掃が行

われる状態を維持します。

〈点検清掃〉

a. 対象設備類の決定

点検という目的を兼ねて清掃を行う設備類を明確にします。

b. 担当者の決定

対象設備類ごとに、点検清掃の担当者を決めます。

c. 時間帯と所要時間の決定

点検清掃は、日常清掃と同時に行います。

d. 点検清掃方法の決定

点検清掃の方法は、点検する設備類により異なります。異常や汚れなどが多く発生しているかを調査し点検する箇所とその項目、点検個所の清掃の順序を決定します。

e. 点検清掃の実施

設備ごとに定められた担当者が定められた手順で点検清掃を実施します。

f. 定期的な実施状況のチェック

定められたとおり実施しているか定期的に確かめます。

g. 定期的なルールの見直し

清掃のルールを定期的に見直すなどして継続的な改善に努め、最適な清掃が行われる状態を維持します。

〈汚れない職場作り〉

a. ついで清掃

台車にモップを取り付け、運搬と清掃を同時に行う方法など、手間要らずに清掃するような工夫も大切です。

b. 発生源対策

汚れない職場を作るためには、汚れの発生源をつきとめ、その発生源を絶つことが必要です。汚れの発生源を絶たなければ、汚れの発生、清掃、発生、清掃の繰り返しになります。

まずは発生源を確認してください。発生源を突き止めたら、汚れを出さない方法を考えます。

【清潔の進め方】

① 清潔とは

「整理、整頓、清掃により、きれいな状態を維持すること」です。整理、整頓、清掃が行動を表しているのに対して、清潔は状態を表しています。清潔とは、誰がみても、誰が使っても、整理、整頓、清掃の3Sがきちんと実行され、きれいな状態が維持されていることをいいます。

② 清潔の目的

清潔の目的は、3Sを推進して構築した効率的で快適な職場環境を3Sの徹底、標準化の推進で維持していくことで、社員の安全・衛生管理や効率的な作業環境、機械・設備の故障防止や効率的な運転、製品の品質向上を図っていくことです。

③ 清潔の手順

a. 3Sの徹底と標準化

3Sの徹底は、3Sを日常業務の一環として組み入れ、毎日3Sが実行できるようにすることで実現します。

そして、誰でも3Sができるように手順書を整備します。

・3Sを維持する手順書を作成します。
・手順書には、運用基準を明記します。
・手順書は作成後、社員に周知し、実際に行動させて、会社に定着させます。

◆ 整理手順書（例）

```
1. 目的
   職場の安全衛生の向上、生産性の向上、コストの低減、品質の向上を図るため、整理手順を明確にすることを目的とする。
2. 整理の定義
   整理とは、要るものと要らないものを分けて、要らないものを捨てること。
3. 整理の進め方
   ～～～～～～～～～～～～～～～～～～～～～～～～～～～～～
```

b. 再発防止策の策定

毎回同じような問題が発生している状態のものについては、問題が次回からは発生しないように「3Sの再発防止策」を講じます。

そして、不要品が発生しない仕組み（整理）、乱れない仕組み（整頓）、汚れない仕組み（清掃）を構築します。

3Sの再発防止策は、発生原因考察表を使い設備や機械器具、材料などの発生対象を明確にして発生原因を追究し、その原因に対する処置を実行します。

◘ 発生原因考察表（例）

発生原因考察表									
対象物	発生箇所	発生内容	発生原因	処置内容	処置担当	処置期限	完了確認	再発防止策	効果確認

【躾の進め方】

① 躾とは

「職場のルールを守ること」です。

社員は就業規則をはじめ、各職場で定められたルールを守らなければなりません。そのためには、社員全員で話し合いを行うなど、理解を得た職場のルール作りを行うことが大切です。

② 躾の目的

躾の目的は、職場をより安全にすること、あるいは職場のよりよい風土作り、さらには企業発展です。

躾ができていないと次のようなことが発生します。

・整理しても、すぐに不要品がたまる

・整頓しても、すぐに工具や刃具が乱れる

・お客様が来ても挨拶がなく、信用を落とす

③ 躾の手順

a. ルールを作る

職場にどのようなルールがあるか点検します。必要なルールが存在しない、あるいはルールがあっても、そのルールの内容が不明瞭な状態では躾は徹底することは困難です。必要なルールは作りましょう。

b. ルールを実践する

【ルールを周知する】

ルールがあってもそれが全員に知らされていない場合があります。このため、ルールがしっかり周知されているか確認します。ルールの存在を知らなければ、

そのルールを守ろうという行動には結びつきません。

【ルールを守る】

周知していても、ルールが守られないことがあります。ルールを守るための環境を作ることでルール遵守を徹底していきます。

【ルール違反は注意する】

ルール違反は、その場で注意することが大切です。

c．必要があればルールを変更する

周知していても、ルールが守られないことがあります。ルール変更の必要があればルールを変更します。

d．ルールを繰り返し、辛抱強く指導する

ルールを守らない場合は、繰り返し、辛抱強く指導していきます。

(3) 5Sのメリット

【1次メリット】

5Sの1次効果としては、次のようなことがあります。

①在庫の削減：不要な在庫や資材の処分により、スペースを確保します。

②段取時間の削減：標準時間設定により、段取時間を削減し作業を効率化します。

③機械の汚れ防止：清掃により、機械の汚れによる不良品発生を防止します。

④機械の故障防止：機械の点検整備により、故障を防止します。

⑤コストの削減：機械の停止の防止、不良品の減少などで、製造原価を削減します。

⑥納期の厳守：時間管理が徹底され、納期を守るようになります。

⑦コミュニケーション不足の解消：ルールの徹底で連絡ミスがなくなります。

⑧安全の確保：不要品などの放置や機械故障が減り、労働災害を防止します。

【2次メリット】

① 責任感の向上

5Sを進めていくと社員はそれぞれ役割を担い実施していくことにより、責任感がでてきます。そして、自分の担当エリアの整理、整頓、清掃を通じて働きやすい職場にしようと心がけます。さらには、きれいになった職場にプライドをもつようになります。

② 組織推進力向上

5Sは、全員の活動です。1人でも5Sに参加しなければ、そこだけ活動が止まります。このため、全員が協力せざるを得なくなります。こうして、全員参加型が進み組織で推進する力がつきます。

③ 職場改善につながる

5Sは改善の原点です。5Sを進めていくと職場のムダ、ムラ、ムリが減少していきます。5Sにより、どんどん職場の改善も進めていきましょう。

【3次メリット】

財務の内容の改善がみられます。

整理では、適正在庫が進み在庫効率が向上します。整頓では、工具などを深す手間をなくすため生産性が向上し、製造コストが削減します。清掃でも、機械の故障が減り生産速度が上がり製造コストが削減します。清潔では、作業の標準化が進み時間管理が徹底され、人件費が削減されます。躾では、ルールの徹底で連絡ミスによる再作業がなくなり、材料費や人件費が削減されます。

(4) 5Sをしていない会社の問題点

材料管理などは、社員の裁量にすべて任せています。このため、使わない在庫が倉庫に山積になっていたりします。

道具の置き場が明確に表示されていないため、道具が散乱しておりいちいち探す時間がかかっています。

また、機械の点検整備を行なわないまま日々使用しているため、時々故障して製造ラインが止まったり、不良品を発生させ再度作り直ししたりしています。そして、納入した製品に問題が生じクレームに発展したりします。一方、通路などの安全確保が十分でないため、作業上の事故も発生し労働災害も生じます。

ルールが明文化されていないため、みんな自己流で行い作業時間が大幅に膨らみ、製造コストが上がったり納期遅れが発生したりして、お客様のクレームにつながっています。

【コンサルティングのポイント】

① 5Sの役割を説明
　5Sをしなければ、不良品の発生や連絡ミスなどでお客様に迷惑をおかけします。5Sも仕事そのものです。

②不要品基準と整頓基準は5Sの基本
　不要品基準と整頓基準は、5Sの要となります。この基準を徹底することで、作業の効率化が進み、製造の不適合も減少します。

③作業道具の基本
　作業道具は共有で使うものです。このため、誰もがいつでも使えるようにしておくことが大切です。また、社内で決めた整頓基準に従って、作業道具をセットしておくと全体として作業効率が上がります。

2．改善提案制度で職場改善をする

(1) 改善提案制度とは
　改善提案制度は、社員の創意工夫について提案という形であげて、業務を改善することです。
　この改善提案により、製造原価の低減や売上の増加、安全の確保などが期待できます。

(2) 組織作り
改善提案制度の組織作りは次のように行います。
　① 審査委員会を設立する
　A．審査委員を各部門から選出します。
　B．審査委員会で改善提案書を作成します。
　C．報奨制度を検討します。
　D．改善提案の周知方法を検討します。
　② 審査委員会で改善提案を募集する
改善提案書を入れる改善箱などを準備して入れられるようにします。
　③ 審査委員会で改善提案書の検討を行う

集まった改善提案書について定期的に委員会で検討します。

④ 改善提案の採用の可否を決定し、提案者に通知する

報奨制度があれば同時に報奨します。

⑤ 採用案は、所管部に実施依頼する

◆ 改善提案書（例）

改善提案書		
所属	氏名	年　月　日
【現在、どのようにしていますか】 　共用の3段の工具箱に雑然と工具類が置かれています。		
【どのような問題が発生していますか】　（非効率化、負担、不安全など） ① 工具を探すのに時間がかかります。 ② 工具を置く方向が悪く刃部でケガをすることがあります。		
【どのようにしたら改善できますか】 ① 切削工具と作業工具と冶具の順にそれぞれの段を分けます。 ② 工具は、姿絵を書き、必ずその場所に返却できるようにします。		
【どのような改善効果がありますか】　（効果とは効率化、負担減、安全化など） ① 工具を探す手間がなくなります。 ② 使うときに工具でケガをすることがなくなります。		
所管部使用欄		効果確認
1．実施　　　　　　　実施日：　　年　月　日		確認日：　　年　月　日
2．一部修正し実施　　実施日：　　年　月　日		実施後効果はどうか
3．実施しない　理由：		

注1．記載方法は、図、表、イラストでもかまいません。
注2．記載しきれない場合は、別紙を添付してください。

　改善提案制度は実際のところ、ただ改善提案しましょうと言っただけでは、なかなか提案は出てきません。

　大変かもしれませんが、全員が最低月に1件は提案をあげるという目標にしてみましょう。

　社員のなかには、提案するといっても浮かばないという人もいます。しかし、業務において完全なものはないはずです。もっと効率的にするには、もっと負担をなくすには、もっと安全にするにはと考えていくと必ず改善すべきものはあります。

　積極的に業務の改善提案を出すように推進していきましょう。

　また、改善提案に対して、会社側として報奨金を出すこともあります。報奨制度をきちんと制度化すると、改善提案した者は報奨金など獲得できるため報われ

ます。

(3) 改善提案制度のメリット

　改善提案制度が浸透すると仕事のやり方が改善していきます。

　具体的には、製造部門では、第1に作業時間が削減されて作業の効率化が図られます。第2には、作業上のトラブルを改善し、不良品の発生を防止します。第3には、機械の故障防止、作業の安全性の向上につながります。その結果、製造コストの削減につながり利益の増加をもたらします。事務部門では、事務作業の効率化などが進み事務部門のコスト削減につながります。

　改善提案制度により考える習慣や問題解決能力が身につくようになるため、社員の能力開発にもなります。さらに、提案活動には上司の支援も必要なので、OJT教育にもなります。

(4) 改善提案制度を実施していない会社の問題点

　現状のやり方を常に踏襲して仕事を進めています。そして、作業上のトラブルが発生しても、対処療法によりとりあえず修理や修繕で済ませるなどして応急的な対応をします。このため、同じようなトラブルが繰り返し発生することになります。

　コスト面の問題では、取引先などからのコストダウン要請を受け入れると、社内の生産方式が従来どおりのため、社内の製造コストを下げることができません。その結果、会社の利益は縮小してしまいます。

【コンサルティングのポイント】

①改善提案の役割を説明
　慣れた仕事のやり方を変えるということは、変えることによる問題が生じることもあるため、なかなか実行できません。このため、改善という制度で変えていきます。

②改善提案を考える時間
　時間を基準に働いている場合、作業時間中は、もちろん考える余裕はありません。しかし、そうした時間に追われる作業だけではないと思いますので、

> その時間帯を離れた時に考えたり、あるいは普段から問題意識を持っていれば改善することができます。
> **③改善提案書の作成**
> 　提案書として書くのが面倒であれば、図やイラストを用いた簡単なものでもよいです。あるいは口頭で内容を所管部に伝えるだけでもよいのです。

3．印刷会社のコンサルティング事例

(1) 現況

　B社は、印刷製造業で創業40年、社員は30名の会社です。デザイン印刷を得意として、会社案内や社史、一般商業印刷などを手がけ、最近では、ホームページ制作にも積極的に取組んでいます。しかし、ここ数年、会社の財務状況は悪化し営業利益でマイナスが出ています。

(2) 業績低下の主な原因

・社内の営業と製造の連絡ミスが常時発生し、毎年数百万円単位の損失が出ている。
・作業は、担当者まかせになっており、人によってバラバラである。
・機械の故障もしばしば発生しており、そのたびに作業が中断している。

(3) 対策

　5Sを柱に生産性の向上に取り組む。

(4) 実施

①　整理の推進

　工場は、在庫が山積みになっており、長期間使わない在庫も多くありました。そこで、ムダな在庫は廃棄、転用しました。在庫の見直しは、適正在庫分析表を作成して行いました。
　具体的には、出荷ロット数、平均出荷数、保有月数、最新入荷日、最新入荷数、最新出荷日、最新出荷数を基に在庫量の評価を実施し、デットストック、スリー

ピングストック、ランニングストックに評価区分し、適正在庫量を決めていきました。

この作業でムダな在庫がなくなり、適正在庫量を保有することになりました。

◆ 適正在庫分析表（例）

品名	在庫量	出荷ロット数		平均出荷数	保有月数	最新入荷日	最新入荷数	最新出荷日	最新出荷数	評価
		最小	最大							
袋	1,900	100	300	100	19	12.4.1	2,000	13.7.1	100	デッドストック

この結果、製品の在庫回転期間（在庫に対する平均日商）は、7.8日で、前年度8.1日に対して0.3日短縮しました。また、材料の在庫回転期間も2.2日で前年度2.3日に対して0.1日短縮しました。製品、材料とも在庫保有期間が改善されました。

② 整頓の推進

書類や工具などが散乱していたため、紛失したり、探したりするのに時間がかかり、作業効率が悪くなっていました。このため、書類、材料、仕掛品、製品などを中心に整頓の管理表を作成し管理の徹底をしていきました。この作業により、書類や工具などの紛失や探す手間がなくなり、作業時間の削減につながりました。

◆ 整頓管理表（例）

対象	場所	方法	見出し			重要度はどの程度か
	どこの場所に置くか	どんな方法で行うか	見出しをどうするか	見出しをどこにつけるか	見出しの内容は何か	
材料	指定台	載せる	かんばん	置き場	品名、品番	A

この結果、労務費が削減され、労務費比率（売上高に対する労務費）は23.2％で、前年度24.1％に対して0.9ポイント低下しました（労務費削減には、後述の清掃、清潔の労務費削減分も含まれます）。また、人件費も削減され、人件費比率（売上高に対する人件費）は、14.4％で、前年度15.6％に対して1.2ポイント低下しました。

（注）人件費は、営業強化で1名増員していますので、第41期は増加費用4,000千円を除外して計算しています。

③ 清掃の推進

製造部門では、印刷機械の不具合により印刷物が汚れ、しばしば刷り直しが行われていました。また、印刷機械が頻繁に故障し、印刷作業が停止することも。このため、機械点検表を作成し機械の日常点検、定期点検を実施しました。

この機械点検により、機械による印刷物の汚れや機械の故障による作業停止が削減されました。

◼ 機械点検表（例）

点検項目	点検者 点検日	山田 2／1	山田 2／2	山田 2／3	山田 2／4
機械運転音		○	○	○	○
注油	日常	○	○	○	○
	定期	○			

・点検記号：点検正常○、点検異常×、修理後正常△
・管理基準：機械運転音に異常はないか、注油は正常範囲か

この結果、材料費が削減され、材料費比率（売上高に対する材料費）は13.8％で、前年度15.9％に対して2.1ポイント低下しました。また、刷り直しの時間や機械の故障による待機時間も削減され労務費の削減につながりました。さらに、納入先で不良品のクレームが発生していましたが、清掃により不良品が減少し顧客の信頼度が向上しました。

売上高はここ数年下降傾向でしたが、これらの改善により増加に転じました。

④ 清潔の推進

社員により作業時間にバラツキがあり、作業手順書も制定されたものはありませんでした。そこで、作業時間の標準化と作業手順書の整備を進めました。

作業時間の標準化は、作業工程ごとの日報に作業時間を設定し、実際の時間と比較しました。そして、標準時間と実時間との間に差異が発生した場合は、理由や対策を記載し対策を講じるようにしました。この対策により、作業時間が削減されました。

◆ 印刷作業予定兼日報（例）

品名	前段取開始予定	作業開始	作業終了	後段取完了予定	前段取開始実績	作業開始	作業終了	後段取完了実績	段取差異時間	作業差異時間	差異の理由・対策
	標準時間	標準時間	標準時間	所要時間	所要時間	所要時間					
封筒	16:00	16:20	18:20	18:40	17:50	18:20	21:10	22:00	40	50	○○○
	20	120	20	30	170	50					

　この結果、労務費が削減されました。一方、作業手順書の整備にも取り組み、工程ごとに作業手順書を作成し誰もが同じ手順でできるようにしました。この手順書により、作業時間が守れるようになりました。また、技能者の高齢化が進み、技能伝承が課題でしたが、この手順書により解消されました。

　⑤　躾の推進

　部門間の連絡ミスや作業の確認ミスで多くの損害が発生していました。そこで、作業方法などの見直しを行いました。第1に、部門間の口頭による連絡は禁止し、作業指示書のみとしました。第2に、手書きの作業指示書を廃止し、作業管理のソフトにより作業指示書をパソコンで管理する方法に変更しました。

　これにより、作業指示書の紛失や印刷上の記入漏れがなくなりました。また、作業指示書において、工程ごとに作業内容を確認した確認印を押すようにしました。この確認により、誤発注が減少しました。

　この結果、売上原価が削減され、売上原価率（売上高に対する売上原価）は、70.9％で前年度74.3％に対して3.4ポイント低下しました（売上原価の削減には整頓、清掃、清潔での材料費や労務費の削減も含みます）。

　一方、サービス向上を目的とした顧客アンケートを始めて、価格、納期、営業対応などの改善に努めてきました。最近では、納期遅れがない、営業対応がよいなどの声が聞こえるようになりました。サービス改善による売上増加の効果も出てきています。

(5)　改善結果

　①　収益力の改善

　売上高総利益率は、29.1％（前年度25.7％）、売上高営業利益率は、2.4％（前年度△1.0％）、売上高経常利益率でみますと1.2％（前年度△2.5％）とプラスになりました。総資本経常利益率も2.6％（前年度△4.0％）とプラスになりました。

② 効率性の改善

　総資本回転率でみますと 2.1 回（前年度 1.6 回）と前年度より 0.5 回良くなっています。

③ 安全性の改善

　流動比率は、395.2%（前年度 345.7%）と 49.5 ポイント改善しました。固定比率は、608.3%（前年度 780.0%）と 171.7 ポイント改善しました。

　以上、収益性と効率性と安全性の 3 つの視点から見た財務力が前年度と比較して改善していることがわかります。

◆ B社の2期比較の損益算書と貸借対照表

第40期　損益計算書　（単位：千円）

項目		金額
売上高		315,000
売上原価		234,000
	材料費	50,000
	労務費	76,000
	外注加工費	83,000
	減価償却費	2,000
	その他経費	23,000
売上総利益		81,000
一般管理費等		84,000
	販売費	8,000
	一般管理費	76,000
	(うち人件費)	(49,000)
	(うち賃借料)	(5,000)
営業利益		△3,000
営業外収益		0
営業外費用		5,000
経常利益		△8,000
特別損益		0
税引前当期純利益		△8,000
税金		0
税引後当期純利益		△8,000

第41期　損益計算書　（単位：千円）

項目		金額
売上高		327,000
売上原価		232,000
	材料費	45,000
	労務費	76,000
	外注加工費	88,000
	減価償却費	1,000
	その他経費	22,000
売上総利益		95,000
一般管理費等		87,000
	販売費	8,000
	一般管理費	79,000
	(うち人件費)	(51,000)
	(うち賃借料)	(6,000)
営業利益		8,000
営業外収益		2,000
営業外費用		6,000
経常利益		4,000
特別損益		△2,000
税引前当期純利益		2,000
税金		0
税引後当期純利益		2,000

第40期　貸借対照表　（単位：千円）

資産		金額	負債・純資産	金額
流動資産		121,000	流動負債	35,000
	当座資産	100,000	買入債務	18,000
	(うち現金預金)	(50,000)	短期借入金	12,000
	(うち売掛債権)	(50,000)	割引手形	0
	棚卸資産	14,000	その他流動負債	5,000
	その他流動資産	7,000	固定負債	154,000
固定資産		78,000	長期借入金	154,000
	有形固定資産	35,000	純資産	10,000
	無形固定資産・投資等	43,000	資本金	30,000
繰延資産		0	剰余金	△20,000
資産計		199,000	負債・純資産計	199,000

（注）棚卸資産の内訳は、製品7,000千円、材料2,000千円、仕掛品5,000千円

第41期　貸借対照表　（単位：千円）

資産		金額	負債・純資産	金額
流動資産		83,000	流動負債	21,000
	当座資産	65,000	買入債務	16,000
	(うち現金預金)	(15,000)	短期借入金	3000
	(うち売掛債権)	(50,000)	割引手形	0
	棚卸資産	16,000	その他流動負債	2,000
	その他流動資産	2,000	固定負債	123,000
固定資産		73,000	長期借入金	123,000
	有形固定資産	30,000	純資産	12,000
	無形固定資産・投資等	43,000	資本金	30,000
繰越資産		0	剰余金	△18,000
資産計		156,000	負債・純資産計	156,000

（注）棚卸資産の内訳は、製品7,000千円、材料2,000千円、仕掛品7,000千円

営業力向上のための
コンサルティング術

3 営業力向上のための コンサルティング術

▶営業は、会社の最前線です。営業部門を強化することで、売上や利益増加につながります。この営業部門強化として、営業日報、顧客台帳、顧客アプローチリスト、提案書についてアドバイスします。

1．営業日報を作成して仕事の見える化を図る

(1) 営業日報とは

　営業日報は、営業担当者の日々の行動管理と目標計数に対する進捗管理を行うためのものです。

　活動日誌として使うことで、営業の際行っているムダな動きを止める役割も果たします。

　営業目標を下回る場合はその対策を担当者が記載します。また、営業日報は、上司が見て指導を行います。営業日報は、会社全体の計数目標を達成するための基本となるものです。

(2) 営業日報の構成

　営業日報は、営業活動の内容を日々記載するものです。

　この営業日報により、各営業担当はそれぞれ営業活動終了後に、訪問先、目的、商談内容、月や日々の目標に対する成果などを記載していきます。そして、記載が完了したら上司に提出して営業指導を受けます。

　営業日報の基本的な構成は、次のようになります。

　企業によってスタイルはいろいろありますが、共通しているものを挙げます。

　営業日報にはその日に訪問した時間、訪問した結果の商談内容を記載します。商談内容には、訪問先、訪問相手、訪問目的、商談状況、商談結果を記載します。

　商談内容は重要で、要点がしっかり書いてないと上司も具体的な指示ができないので注意が必要です。

　また、計数については、今月の目標、今月の実績、本日の実績を記載します。さらに、その日の問題点と対策を記載し、上司に提出して上司の指導コメントをもらいます。

◆ 営業日報（例）

担当者　山田　太郎　　　　　　　　　　　　　　○年○月○日○曜日

時間	訪問先	訪問相手	訪問目的	商談状況	商談結果
10:00	○商事	山崎部長	新製品の案内	新製品のセールス	4月から400セット納入決定。
11:00	○興業	長谷課長	新規先の訪問	製品の案内とセールス	製品を理解した。

今月の目標	今月の実績累計	問題点と対策	上司指示

　営業日報は、営業担当者が1日の活動を振り返り、その成果と問題点と対策を報告するものです。

　この営業日報により、上司は営業担当者全員のその日の行動を把握します。そして、目標達成に向けて改善すべき点をタイムリーに指導していきます。

　また、営業日報を書く場合にその日の営業面で良かったことや悪かったことを振り返ることにより、翌日以降の営業の見直しに役立ちます。

(3) 営業日報のメリット

　営業日報には、次のような3つのメリットがあります。

　第1は、日常の営業活動を詳細に把握することができるため、上司が営業のやり方などにムダがないか検証できます。第2に、商談状況がわかるため、上司の支援が必要な時などは、タイムリーに同行訪問をすることでフォローできます。第3に、営業担当者のその日の目標の達成度が明確になるため、当日の目標を下回っている場合には、その対策を一緒に検討することができます。

(4) 営業日報を作っていない会社の問題点

　営業日報は作成していないという会社がありますが、こうした場合では日常の営業活動は、すべて営業担当に任せています。

　そして、1日の営業活動が終了し帰社した後は、営業担当者が大事だと思うことを上司に口頭で報告をします。

　このように、営業活動のすべてが担当者任せのため、営業先と日々どのような

交渉をしているのか上司にはわかりません。このため、担当者が営業目標に未達であっても、どのような商談を行い停滞しているのか原因が不明なため、うまくサポートができません。

【コンサルティングのポイント】

> **①営業日報の役割を説明**
> なぜ日報を作成するのか、その目的をきちんと説明しましょう。担当者の納得を得て活用しないと単なる記録用紙になってしまいます。
>
> **②上司のアドバイス**
> 上司は、商談状況をきちんと把握して、今後の進め方をアドバイスしていきましょう。
>
> **③商談の停滞**
> 商談が停滞している内容を確認しながら、上司とともに改善策を検討しましょう。
>
> **④商談の失敗**
> 何が原因なのかを上司とともによく検討し、問題解決策を考えましょう。

2．顧客台帳を見れば、取引先の強みと弱みがわかる

(1) 顧客台帳とは

顧客台帳は、取引先情報をリスト化して作成し管理していくものです。

顧客台帳には、取引先の売上規模や社員数などの基礎情報、取引先評価情報、取組方針、訪問記録などを記載しています。

この顧客台帳で、取引先の情報とともに取引先と自社との取引内容がすべてわかります。

(2) 顧客台帳の構成

顧客台帳では、**取引先情報**として、売上高、販売先、仕入先などの企業の業務の取組内容を記載します。次に、**取引先評価**として、品質、コスト、納期、財務力などの取引先の業務力ならびに財務力の評価を記載します。さらに、**訪問交渉**

記録として、取引先企業とどのように取引していくかの取組方針を決め、その方針に従って訪問計画を立てて、訪問計画を基に訪問した状況を記載していきます。

顧客台帳の基本的な内容は、次のようになります。

取引先の状況により、必要な情報は適宜追加するようになります。

【取引先情報】

①社名、住所、代表者、所管部署、設立、業務内容

②売上、社員数、主要販売先、主要仕入先、取引銀行

③支払条件

【取引先評価】

①定性条件

　品質、コスト、納期、資産力、経営者能力、販売力、仕入力、技術力、開発力

②定量条件

　収益性、安全性、成長性（決算書より分析）

【訪問交渉記録】

①取組方針

②訪問計画

③訪問実績：訪問日、面談者、面談結果、次回対策、上司意見

上記の内容を台帳として作成した場合は次のようになります。

営業面では、取引先の会社の状況がわかるので、そうした情報を基に、製品な

◇ 顧客台帳（例）

<表>

取引先情報		取引先評価	
社名	㈱○○工業	品質	品質の○○段階の○レベル
住所	○○市○○5-10	コスト	低コストを武器にしている
代表者	代表取締役 野中一郎	納期	定められた納期による
所管部署	購買部	資産力	自社社屋と工場は自社所有
設立年月	昭和20年5月	経営者能力	リーダーシップ力がある
業務内容	機械部品の販売	販売力	全国シェア20％を持つ
売上高	100億円	仕入力	安定した仕入れを持つ
社員数	100名	技術力	○○では、業界NO1の技術を持つ
主要販売先	○○物産他5社	開発力	自社に開発部門を持つ

主要仕入先	△△工業他5社	収益性	業界平均以上
取引銀行	東洋銀行	安全性	業界平均以上
支払条件	3か月の支払手形	成長性	飽和状態になりつつあり

訪問交渉記録　　　　　　　　　　　　　　　　　　　　　　　　＜裏＞

取組方針	3月中に新製品の取引を契約する。			
訪問計画	毎週1回は訪問する。			
訪問日	面談者	面談結果	次回対策	上司意見
3月22日	宮田部長	当社の製品に理解を示す。	継続して説明する。	相手の要望をよく聞くこと。
3月29日	宮田部長	納入の方法で話が進む。	契約に結び付ける。	契約条件を詰めること。

どの取引内容を打ち合わせしていくことができます。また、営業上の製品取引などでは、一般的に与信を設定します。こうした時に、過去の取引量や財務力面を基に評価していきます。さらに、毎年度、取引方針を決め、その方針のもとに訪問していきますが、商談状況を把握して、取引の強化を図っていきます。

(3) **顧客台帳のメリット**

顧客台帳には、次のようなメリットがあります。

第1に、取引先の全容がわかるので、取引方針を容易に設定できます。第2に、取引先の業務力や財務力がわかるため与信管理に利用できます。第3に、取引先との時系列の交渉経緯がわかるため、自社の営業担当や上司が変更になってもいままでの経緯がきちんと把握でき、スムーズな引き継ぎができます。

(4) **顧客台帳を作っていない会社の問題点**

取引先の管理は、営業担当に任されています。

このため、取引先の業務内容や業務力、財務力などは、担当者しかわからず、社内で情報を共有することができません。

そして、取組方針が出されていたとしても、訪問状況は担当者しかわからないため、商談状況について知りたい場合は、担当者のヒアリングで知るしかありません。また、取引先評価もしていないため、与信枠が設定されておらず回収不能になることがあります。

【コンサルティングのポイント】

①顧客台帳の役割を説明
　なぜ台帳を作成するのか、その目的をきちんと説明しましょう。担当が記憶しているから不要という会社もありますが、その場合、担当者の異動や退職で引継ができなくなるおそれがあります。

②与信管理の基になる
　取引先の財務内容が変わることがあります。継続して取引先を記録することで、取引先の動きがわかります。
　慣れ合い取引は、取引先の突然の倒産等で貸倒れになってしまうことがあります。商談が停滞している内容を吟味するとともに、上司とともに改善策を検討しましょう。

③商談に活用できる
　取引先の情報を台帳で把握することで、取引先の強みと弱みがわかり、取引の際に活用できます。

3．顧客アプローチリストを作成して、取引先の一元管理をする

(1)　顧客アプローチリストとは
　企業として、各営業担当者が営業として取組んでいる先の契約に向けての進捗状況を一元管理するための表です。

(2)　顧客アプローチリストの構成
　顧客アプローチリストの基本的な内容は、次のようになります。
　①担当者：営業担当者名
　②取引先：営業先名
　③取組方針：どのように営業していくか
　④訪問条件：月に何回訪問するのか
　⑤取引経緯：営業するに至った経緯
　⑥取引金額：どの程度の取引をしていくか
　⑦先方担当者：営業先の責任者

⑧直近交渉日：直近ではいつ訪問したか
⑨交渉状況：現在営業してどの程度進んでいるのか
⑩課題：交渉していて今何が課題になっているか
⑪成約率：成約になる確率は何パーセントか

◆ 顧客アプローチリスト（例）

担当者	取引先	取組方針	訪問条件	取引経緯	取引金額	先方担当者	直近交渉日	交渉状況	課　題	成約率
山田一郎	○○商事	新規取引推進	週1回	エリア内新規	月500万円	渡辺課長	10.1	製品説明	当社製品の優位性の理解	10%

　顧客アプローチリストの使い方は、次のようになります。
　営業担当者は、個別案件ごとに行動していますが、会社あるいは上司が管理していくうえで、全体の営業先の表がないと全体でどのように進んでいるのかがみえません。このため、この顧客アプローチリストを作成することにより、取引先ごとに営業の推進状況を把握するとともに、会社全体としての目標達成度も把握します。
　具体的には、営業会議で、このリストを使って取引先の取組方針を達成するために、誰がいつどのように営業交渉しているか、その交渉結果が今どの程度まで契約が進んでいるかをみていきます。
　そして、取引を成功させるために今後どう取り組んでいくかを検討します。まさに、<u>売上の成否を決める重要な表</u>といえます。

(3)　顧客アプローチリストのメリット
　第1に、すべて個別案件について取組方針のもとにどの程度まで営業が進んでいるか、進捗状況が一目で分かります。第2に、営業推進上で問題点がある場合は、経営者や営業責任者を交えて対策を講じていけます。第3に、営業案件に対して、経営者や営業責任者など関連する者がすべて情報共有して、一丸となって推進していくことができます。

(4)　顧客アプローチリストを作っていない会社の問題点
　個別案件についての進捗は、すべて営業担当に任されています。

このため、契約の見込みやいつ契約になるのかは、誰もわかりません。

また、すべて営業担当者任せなので、取組方針が決まっている案件について、どのような問題で成約が進まないのかもわかりません。

契約になってはじめて社内に知らされ、売上が立つことがわかります。このため、資金担当者も資金繰りに苦労します。

【コンサルティングのポイント】

> ①顧客アプローチリストの役割を説明
>
> 　なぜ顧客アプローチリストを作成するのか、その目的をきちんと説明しましょう。これは、営業担当者だけで営業するのではなく、会社全体で営業することを認識するためです。
>
> ②重要案件を継続管理
>
> 　営業担当者にすべて任せていると、失注したときに挽回できません。重要な取引先は、営業部全体で管理していくことが大切です。
>
> 　そのなかで、よい知恵もでて契約率の向上につながります。
>
> ③契約の管理で資金繰りの円滑を図る
>
> 　大口の契約などは、原料などの手配も必要になり大口の資金の確保が必要です。こうした資金を確保するためにも、重要取引先との契約を管理することは大切です。

4．提案書を作成し、お客様の信頼を得る

(1) 提案書とは

　提案書は、課題に対して解決策を検討し、その結果を書面で作成するものです。この提案書には決まった形式はありません。通常は営業担当がお客様の課題や要望に対し、提案書として提出しています。

(2) 提案書の構成

　提案書の基本的な構成は、次のようになります。

第1は、「現状」

現状とは、現時点における課題をいいます。現状をしっかり分析してないと、解決策が的外れになりますので、十分に調査したうえで作成していきます。そのためには、お客様の現状をしっかりヒアリングしたり、観察したりすることが大切です。

第2に、「目標」

目標とは、課題を解決した場合のあるべき姿です。その目標は、技術面、費用面、スケジュール面などの制約条件を考慮して作成します。

第3に、「提案」

現状と目標の差を解決していく方法を提案します。ここでは、社内で十分検討した結果を記載します。とくに営業提案の場合は、他社との提案書の競合となるため、費用面や技術面で比較して優位性があるかどうかを十分考えて記載していきます。

第4に、採用後の対応

採用された場合の導入方法などについて記載します。具体的には、進めていくための費用、導入スケジュールなどを記載します。

提案書の進め方は、次のようになります。

提案書はすべてのケースで作成するわけではありません。自社で提案書の作成条件を決めておいて、その条件に従って作成します。条件としては、お客様から提案書を求められた時、あるいは一定の取引金額以上の場合に作成することになっています。

提案書作成手続きの流れとしては、提案書作成の条件に該当した時は、速やかに担当者が作成し、金額等の決済権限をもつ上席者が内容を検証し決済したのちお客様に提出します。

(3) **提案書のメリット**

提案書には、次のような3つのメリットがあります。

第1は、お客様の課題に対して課題解決の姿を書面で提出しますので、お客様は内容を的確に把握することができます。第2は、提案書があることにより、お客様が社内で説明する場合に、自分で説明する必要はなく、その書面を提出す

3 営業力向上のためのコンサルティング術

◘ 提案書（例）

年　　月　　日

〇〇病院
　〇〇様

株式会社〇〇
担当〇〇

<u>お客様誘導用ポールの提案書</u>

1. <u>現状</u>

　通常、病院様では、会計時に並ぶお客様のための誘導用ポール金属製をお使いになっておられます。金属製ポールは、丈夫で倒れても壊れず長期に渡って使用できます。また、値段的には安価なものが多くあります。しかし、金属製ポールは、お客様には温かみが感じられません。そうした面は、お待ちいただいているお客様とってはストレス要因の1つとなります。さらに、お客様が万一、金属製ポールにあたった際には衝撃を受けて強い痛みを伴うリスクが大きいといえます。

2. <u>目標</u>

　現状を改善するためには、お客様のストレスの緩和と安全面に一層配慮した誘導用ポールが求められます。

3. <u>提案</u>

　〇材を利用しましたお客様誘導用ポールの導入のご提案をさせていただきます。添付の「木製誘導用ポール」の写真をご覧ください。

　当社では、〇材で有名な〇〇市と提携し、〇〇市指定の〇材に当社の特殊加工技術を組込みましたお客様誘導用ポールを開発しました。

　この特徴は、①木材の持つ見た目の柔らかさとぬくもり、②木の香りを提供するものです。これにより、気持ちの安らぎを提供し、お客様が並ぶストレスの緩和になります。また、安全面では、木製ということで、金属製ポールと比較して、軽く、衝撃に対する緩衝性があり安全性が高くなっております。

　なお、この〇材は〇〇県では特産品として位置づけています。

4. <u>導入計画案について</u>

　(1) 対象病院

　　　第1段階…〇〇病院に導入、第2段階…系列病院に導入

　(2) 実施スケジュール

　　　第1段階、第2段階ともに、御社のスケジュールに基づきまして搬入させていただきます。

5. <u>費用</u>

　誘導用ポール1個に付き、〇〇円となります。

6. <u>当社の経歴と納入実績</u>

　(1) 経歴

　　　〇〇

　(2) 納入実績

　　　既に、〇〇病院様に導入いただいております。

　　　その際のご評価では、お客様からは〇〇というお声をいただいております。

以　上

るだけで済みます。第3は、お客様が自社の課題を解決する場合に、複数の会社から提案書を出してもらい書類で比較することができます。

(4) 提案書を作っていない会社の問題点

中小企業を訪問して営業担当の方と話をしていると、提案書を作ったことがないという話をよく聞きます。そうした時に、お客様から課題の解決策を相談された時はどのように対処しているのかと伺うと、自分の知っていることを口頭で回答しているということでした。

そういった場合、お客様に素早く対応することはできますが、課題に対して十分な調査もしないで回答していると、必ずしも相手にとって満足する答えにならない可能性があります。このため、既存先からの新たな課題や新規先からの課題については安易に即答せずに、きちんと提案書を作成していくことが望まれます。また、お客様から折角提案の機会をいただいても、自社の力量も把握せずに安易に請負ってしまい、実際はできないということが生じ、結果お客様の信用を失ったというケースもあります。

【コンサルティングのポイント】

> ### ①提案書の役割を説明
> 提案書があれば、伝えたいことが書類として残ります。書類を作るのは手間ですが、確実に伝えたいことをお客様に伝えられる点は大きなメリットです。口頭では忘れられてしまうことも、書類ではお客様の手元に残り商談が継続していきます。
>
> ### ②提案書の作り方を学ぶ
> 提案書は、作ったことはありません。このため、どのように作るのかわかりませんという声があります。
>
> 提案書には、次のような3つの基本的な構成で組み立てます。「現状の課題」、「目標(課題を解決した姿)」、「課題の解決案」を記載していきます。こうした提案書は、恒常的な内容の商談には必要ないかもしれませんが、新規や大きな商談では、提案書があると先方の担当者も社内に向けての説明や説得もしやすくなり、お客様にとっても助かります。

5．クリーニング店のコンサルティング事例

(1) 現況

　C社は、創業30年以上で市内では2店舗のクリーニング店を経営しています。売上高は3千万円、社員はパートを含め10名。

　売上高の内訳は、店舗に持参する個人の洗濯が主となっています。

　外部環境としては、競合他社も多く価格競争になっており、このため、利益も減少傾向にあります。また、クリーニング工場等労働集約産業のため、労働力の確保と人件費の上昇により、コストが上昇しています。

(2) 業績低下の主な原因

- クリーニングの競合他社が増加傾向にあり、価格競争が生じており、クリーニング代が低下傾向にある。
- 労働集約産業だが、労働者がなかなか集まらない、一方、労務費は増加傾向にあり、利益を直接圧迫してきている。
- 特定企業の仕事着のクリーニングの受注請負いを始めているが、まだ本格的には稼働していない。
- 人材育成ができないため、工場の生産性が上がらないと同時に定着せず、短期で退職してしまうことが多くなっている。

(3) 対策

- 専任営業と営業の仕組みを活用する。
- システム化による生産性向上に取り組む。
- 人材育成により、スキルアップを図る。

(4) 実施

① 企業専任営業を採用し、売上を推進

　新規に介護施設、病院のクリーニングに参入していくために企業専任の営業を採用しました。そして、経営者とともに営業地域を振り分け、営業を開始しました。

② 営業のツールの導入

当社は営業に関する仕組みがなかったため、営業日報と企業向けの顧客台帳、顧客アプローチリストを作ることにしました。

【営業日報】

各営業担当はそれぞれ営業活動終了後に、訪問先、目的、商談内容、月や日々の目標に対する成果などを営業日報に記載していきます。そして、記載が完了したら社長に提出して営業指導を受けます。

◆ 営業日報例

時間	訪問先	訪問相手	訪問目的	商談状況	商談結果
10:00	○病院	山崎部長	システムの紹介	クリーニングのシステムの紹介	システムを理解いただいた。
11:00	○介護施設	長谷課長	契約に向けて継続訪問	利用料金の交渉	契約の方向となった。

今月の目標	今月の実績累計	問題点と対策	上司指示

【顧客台帳】

顧客台帳には、取引先の売上規模や社員数などの取引先情報、取引先評価、訪問交渉記録を記載しています。

◆ 顧客台帳（例）

〈表〉

取引先情報		取引先評価	
社名	㈱○○介護施設	サービス力	各種サービスが充実している
住所	○○市○○5-10	入居費用	県内一の抵価格
代表者	代表取締役　野中一郎	連携	地域医療機関と連携している
所管部署	購買部	資産力	自社社屋は自社所有
設立年月	○○年5月	経営者能力	リーダーシップ力がある
業務内容	老人専用の介護施設	入居率	95%

◆ 訪問交渉記録（例）

〈裏〉

取組方針	3月中にクリーニングの取引を契約する。			
訪問計画	毎週1回は訪問する。			
訪問日	面談者	面談結果	次回対策	上司意見
○月○日	○○部長	当社のシステムに興味を示す。	継続して説明する。	相手の条件をよく聞くこと。
○月○日	○○部長	受注の方向で話が進む。	受注に結び付ける。	受注内容を詰めること。

③　クリーニング工場をシステム化し生産性向上

クリーニング工場は、衣服等の洗濯物をクリーニングする際の手作業が多いですが、特に洗濯物の利用者の特定は必須条件であり、他の人の衣類等と混同すると顧客様に多大な迷惑をかけるとともに信用問題となります。このため、個人の特定ができるバーコード管理システムを開発し導入しました。これにより、衣類の混同がなくなっただけでなく作業も迅速化し、生産性が向上しました。

他社では、まだここまで精度の高い衣類分別システムは開発されていないため、C社の営業戦略上の強みとなります。

④　人材育成をして、スキルアップを行う

スキルマップを作成し、それに基づいて、スキルアップ計画でスキル指導していきます。

【スキルマップ】

スキルマップは、各部門で必要なスキル（知識、技能）を選択し、現在の個人別の能力を図表にしたものです。体系的に部門に必要な能力を知ることができ、

◆ スキルマップ表（例）

要素	基本ソフト	クリーニングの基礎	設備管理	データ管理	進行管理	分類	機械操作	クリーニング処理	パソコン入力
氏名＼難易度	A	B	A	A	A	A	A	B	B
山田太郎	○	△	△	○	○	○	△	△	△

◎…1人でできる　○…少しできる　△…ほとんどできない　無印…できない

能力開発に役立ちます。

【スキルアップ計画・実績表】

スキルアップ計画・実績表でマルチスキル化を進めます。スキルアップ計画・実績表で、指導を受ける者と指導者を決めてスキルマップに基づき、年間計画を立てて計画的に教育していきます。

◪ スキルアップ計画・実績表（例）

工場部門		スキル名		設備の習得							
被指導者	指導者	現在スキル	目標スキル	区分	4月	5月	6月	7月	8月	9月	10月
山田太郎	井上達夫	△	○	計画			→	終了			
				実績			→	○			

(5) 改善結果

① 企業営業により、新規契約で売上拡大

新たに大口の介護施設からの受注が増え、売上高は1割アップしました。

② 売上原価削減

衣類分別システムと人材教育により工場の生産性がアップし、売上高対売上原価率は、4％コストダウンしました。

③ 技能伝承

スキルアップ計画により、若手のスキルが向上するとともに、離職率も低下しました。

◪ C社の2期比較の損益計算書（粗利益まで）

第32期　損益計算書　　（単位:千円）

売上高	30,000
売上原価	12,000
材料費	3,000
人件費	8,000
その他	1,000
売上総利益	18,000

第33期　損益計算書　　（単位:千円）

売上高	33,000
売上原価	12,000
材料費	3,500
人件費	7,000
その他	1,500
売上総利益	21,000

コストダウンするための
コンサルティング術

4 コストダウンするためのコンサルティング術

▶コストダウンの方法として、ここでは、外注管理、購入管理、作業手順書の作成を挙げています。外注や購入は、外部に対するコストダウンです。そして、作業手順書は、社内のコストダウンにつながります。

1．外注管理をして収益向上を図る

(1) 外注管理とは

外注とは、全部または一部の作業を外部に委託するものです。その場合に内外作の検討、選定、価格決定、納期管理、品質管理といった手順を踏んで管理していきます。

(2) 外注管理の手順

外注管理では次の手順で進めていきます。

第1に内外作の区分を設定します。社内でやるかそれとも外注でやるかは重要な問題で、製品の品質、コスト、納期等に影響します。このため、社内製作か外注かは一定の基準を設けて決めることが大切です。

社内製作の基準としては、次のような基準となります。

①自社に生産能力がある。②技術を自社で保有したい。③自社生産コスト上有利等があげられます。

一方、外注の決定基準としては、次のような基準となります。

①社内の生産能力を超える受注がある。②技術的に社内ではできない。③外注のほうがコストが安い等があげられます。

第2に外注先の選定をします。従来からのつながりで外注先が固定化している場合が多くみられますが、外注先の経営内容や能力は変わるものであり、常に外注先を「選定」するという意識が必要です。

そのためには、外注先管理カードや評価表を作成します。

第3に外注価格を評価します。外注内容に応じ、選定した数社より見積りをとり、内容の検討を行います。見積りは、通常外注先から材料費、労務費、経費などを集計したものが提出されます。

◘ 外注先管理カード（例）

〇年〇月〇日現在

企業名	〇〇会社	設立年月	1974年10月
代表者名	〇〇太郎	所在地	東京都渋谷区
資本金	1,000万円	電話番号	(03)△△-××
社員数	50名	業種	部品製造
経営状況	社長交代後、業績はやや減少傾向にある		
主要業務	部品製造販売	主要設備	〇〇機械
取引条件	手形3か月		
取引銀行	〇銀行〇支店	担当者	××
取引経緯	1985年に取引開始。当社製品の10％外注		
特記事項			

　これを参考に、内容の正確性、妥当性、さらには安いのか高いのかを検討します。重要なのは、自社のモノサシ（価格見積技術）で評価することです。このモノサシがなければ、見積金額が安いのか高いのか評価できないことになります。

　第4に納期管理を徹底します。外注は、自社工場で行う作業ではないため内容がみえにくいです。このため、自社工場と同様に「生産管理」を徹底していく必要があります。納期遅れが発生すると後の段取りに狂いが生じ、全体に影響します。納期管理では、外注先の生産の計画と実績をチェックしていきます。そして、生産の計画と実績に差異がある場合は、原因を究明して計画通りに進めるにはどうしたらよいかを検討し、その対策を講じていきます。

　第5に品質管理を厳正に行います。品質管理は、非常に大切なことであり、不良品が発生すると企業の将来にも影響します。

　品質トラブルの原因は、仕様書を受けとった外注先が品質の内容を十分理解できない場合や外注先の品質管理体制の不備が多いです。このため、外注先との定例工程会議を通じて、工程ごとに仕様の確認を行ったり、品質管理のチェックシート等を作成したりして活用します。また外注先の品質管理体制に問題がある場合には、外注先に対して品質管理教育を実施します。

(3) 外注管理で収益向上を図る

　製造コストや工事コストを削減するためには、外注管理のなかで次のことを考える必要があります。

① 外注のコストダウンを常に考える

外注は、製造原価そのものであり、この原価を下げれば利益があがります。

このため、外注のコストダウンの方法を積極的に検討していくことが大切です。コストダウンの方法としては、QC（Quality Control：品質管理）やVE（Value Engineering: 価値工学）等を活用していくとよいです。

（注）たとえば建設業界で言うVEとは、素材などの品質や機能を落とすことなくコストダウンを実現する方法です。具体的には、素材の代替案の検討などを行います。

② 外注先の指導・育成を行う

具体的には、生産方法改善等の技術面の指導や納期管理・品質管理の管理レベルを向上させるための指導を実施します。こうした指導を行っていくことが外注先のレベルアップにつながっていきます。

③ 外注先の新規開拓を行う

生産能力のアップや業務内容を広げていくためだけではなく、外注先を見直し、より優良な外注先を見つけ出していくためでもあります。

企業は、外注管理の巧拙により、利益を伸ばしたり、利益を失ったりします。そのため、外注を利用している企業にとって、徹底した外注管理こそ収益増の決めてであると思います。

(4) **外注管理のメリット**

外注管理には、次のようなメリットがあります。

第1に、外注先の依存内容を明確にすることで、過度の依存がなくなります。第2に、外注先の評価を行うことで、外注先の力量をきちんと把握できます。第3に、外注先の価格を把握できるために適正な外注費で取引できます。第4に、外注先の生産・施工計画を把握できるため、納期遅れがなくなります。第5に、外注先の品質管理を行うので、外注先の品質トラブルがなくなります。

(5) **外注管理を行っていない会社の問題点**

外注先に製造や施工を丸投げしています。このため、過度に外注依存していると主導権は外注先に握られ、外注先のやり方により、全体の仕事が左右されます。また、外注価格も外注先の意向に左右されます。

【コンサルティングのポイント】

①外注管理の役割を説明
　外注管理は、外注先との共同を推進するものです。外注先は全体としてみれば、1つのファミリーです。このため、1部分を単にお任せしているという意識をやめ、その工程に対して共同で当たっている意識になりましょう。

②外注先の指導
　外注先について、品質不良が発生する場合があります。そうしたことを日頃から防止する意味で、外注先を相手に定期的な会議を開催したり、直接生産指導や品質管理の指導を行うようにしましょう。

③外注先の開拓
　特定の外注先に依存しないようにします。外注依存度が高いと当該会社の生産に左右されることになります。このため、常に新規の外注先の開拓もしていきましょう。

2. 購入管理をして購入コストの効率化を図る

(1) 購入管理とは

　材料等を購入する際に、購入先の選定や購入価格の決め方、納期管理や品質管理、在庫管理等を会社として管理していくことをいいます。

(2) 購入管理の手順

　購入管理では次の手順で進めていきます。
　第1に購入基準を作成します。見積りの取り方、発注協議などの購入基準を作成し、その基準に基づき社内で購入手続きを行います。
　第2に購入方法を決めます。購入物について、コストを勘案して本部一括発注システムか、部署単位の発注かを決定します。
　【本部一括発注の導入の採用基準】
　個人あるいは部署の裁量ですべて購入していると、余分な材料等を購入して全体として余分な在庫を持つことが増えます。また、購入先との個人的なつながりなどで高い材料等を購入したりすることも発生します。この結果、不良在庫が増

えたり、材料費が上がったりします。そこで、量があるものあるいは高額な材料等は一括集中購入部門を設け、発注処理と在庫管理を行うようにします。

第3に購入先の選定をします。購入先の経営内容等を記載した購入先管理カードや購入先評価表で選定します。

なお、購入先管理カードは、P.77の外注先管理カードを参考にしてください。

◆ 建設会社の購入先評価表（例）

項　目	項　目	評　点
会　社	(1) 社内の統率がとれているか。	
	(2) 社内の連絡、伝達事項、対応に不快感は無いか。	
	(3) 整理整頓、清掃は充分にできているか。	
技　術	(1) 品質保証する事ができる機材を所有しているか。	
	(2) 機械または設備を使いこなす技術者はいるか。	
	(3) 自社の開発等の特許製品はあるか。	
	(4) 技術資料の提出は十分か。	
品　質	(1) 品質第一の考えが末端まで徹底しているか。	
	(2) 不良品再発防止のシステムができているか。	
	(3) 測定器の精度を定期点検しているか。	
	(4) 生産ラインは整備、確立されているか。	
納期運搬	(1) 受注品の納期は予測できるか。	
	(2) 納期遅れを挽回するシステムができているか。	
	(3) 製品の運搬体系はとれているか。	
資　金	(1) 資金繰りはうまくいっているか。	
	(2) 財務内容は良いか。	

第4に購入価格の評価をします。購入する資材の内容に応じ、自社のモノサシ（価格見積技術）をもとに、指値、協議あるいは複数見積りで評価します。

第5に納入管理をします。購入先の生産の計画と実績をチェックして納期管理を徹底します。

第6に購入先の品質体制を管理します。購入先の品質体制に問題がないかを監査します。不良品が発生すると取引先からのクレームとなるため、購入先の資材管理の状況等を定期的に監査することが必要です。

第7に在庫管理を徹底します。材料等の購入時や購入後の在庫の管理をしっかり行います。

【在庫管理の仕方】

　材料等を購入すると、在庫を持つことになります。しかし、在庫は持ち過ぎると資金効率が悪くなります。また、使用しない在庫になると不良在庫となります。このため、在庫管理により、適正在庫基準の設定、材料等の調達期間の短縮、保管管理の厳正化を行い、陳腐化を防止するようにします。

　第8に 購入先の新規開拓をします。購入先を見直し、より優良な購入先を見つけ出していきます。外注先管理と同様に、購入先管理の巧拙により利益は伸びたり失ったりします。

(3) 購入管理のメリット

　購入管理には、次のようなメリットがあります。

　第1に、購入先を分散することにより、特定の購入先に過度に依存しなくなります。第2に、本部一括購入などで、購入コストを削減できます。第3に、購入先の評価を行うことで、購入先の力量をきちんと把握できます。第4に、購入先の生産価格が把握できるためにコスト管理ができます。第5に、購入先の生産計画も把握できるため、納期遅れがなくなります。第6に、購入先の品質管理も行うので、品質トラブルがなくなります。第7に、適正在庫管理ができ資金の効率化と在庫の陳腐化が防止できます。

(4) 購入管理を行っていない会社の問題点

　材料等の購入は、すべて使用する担当者に任せています。

　このため、必要以上に購入して過度の在庫となり陳腐化して使えなくなったりします。また、購入材料等について他社との価格を比較せず、高いものを購入してしまうこともあります。こうした結果、材料仕入原価が上がり、製造コストの増加につながったり、購入在庫が増加して資金繰りに影響したりします。

【コンサルティングのポイント】

①購入管理の役割を説明

　購入管理は、購入の基準を定め、購入コストの効率化を目指すものです。担当者任せでは、特定の購入先から購入して高いものを買っていたり、手持

ち在庫を考えないで購入し、過剰在庫になっていたりすることがあります。また、すべて担当者の裁量になると担当者によって購入方法がバラバラになり、高いものを購入するようになります。

②購入後の在庫管理

材料を仕入れすぎたり、使わなかったりした場合は、会社にとって損失となります。一方、注文に対して仕入が間に合わないと機会損失になります。材料などの仕入は、リードタイムなどをきちんと考慮して行うことが大切です。

③本部集中購入も必要

建設業のように各現場が各地に点在し、その現場ごとに購入している場合、小ロットのため高い材料を購入することになります。

それを防ぐには、本部などでの集中購入が望まれます。集中購入は、大量に特定先から購入することが可能になりますので価格も交渉できるため、コストダウンになります。企業の実情に応じて購入することも大切です。

3. 作業手順書を作成して、作業ミス防止と生産性向上を図る

(1) 作業手順書とは

作業手順書は、各部署で作業する工程を時系列にまとめたものです。そして、当該工程でのポイントや必要な業務知識を記載します。

(2) 実施内容

作業手順書には、決まった形式はありません。しかし、ポイントになる点はありますので、そうしたことを組み込んで作成します。

作業手順書の基本的な構成は次のようになります。

◆ 作業手順書（例）

○○課	○○職場	作業人	1名	作成日	○年○月○日
				改定日	○年○月○日
作業名	配送車の洗車・清掃手順書					
作業範囲	配送車の洗車・清掃					
機械	洗車機、掃除機			道具類	ブラシ	
資格・免許	自動車普通免許			保護具	専用手袋	
NO	作業手順		ポイント		必要な業務知識
1	配送車の鍵を保管庫から持ってくる。		鍵の紛失に注意		
2	配送車を保管場所から洗車場に移動する。				洗車手順書を準備

作成上の留意点は次によります。

①作業手順書は、法律に違反しない内容であることが大切です。職場の安全衛生基準などに照らし合わせて問題がないか検証していきます。

②作業手順書は単独で作るのではなく、自社の技術基準や設備管理基準などを参照して作ります。

③作業手順書は、生産用と安全用に分けて作成している場合がありますが、別々に見るのは煩わしいので１本にすることが望ましいです。

作業手順書は、作業の標準化を進めていきます。人により作業方法が異なる場合がありますが、そうした方法を統一して、効率的な仕事を目指します。それに加え、作業手順書を基に品質改善や作業上の事故を防止していきます。

また、新人が作業を覚える時や新たに作業を修得する時は、マニュアルとして活用します。さらには、熟練者の技能を手順書という形で見える化して残していきます。

(3) 作業手順書のメリット

作業手順書には、次のようなメリットがあります。

第１に、作業ミスが減少します。顕在化した手順書があり、常にそれに沿って作業することにより、ミスはなくなります。

第２に、作業手順書を基に作業を行うため品質が改善します。

第３に、災害防止になります。過去の事故事例などを組み込むことにより、同じような事故を防止できます。

第4に、教育が迅速化します。作業手順書があるため、それをテキストにして新入社員や後輩に対し正確に指導することができます。
　第5に、技能伝承ができます。熟練した技術者が退職しても、技能伝承ツールとして作業手順書があるために、技能を継承して作業に支障をきたしません。
　第6に生産性が向上します。最も適切な手順をまとめていますので、ムダ、ムラ、ムリのない作業にしていくことができます。

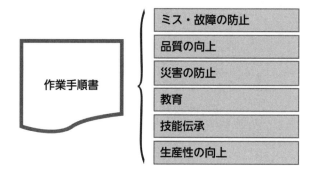

◘ 作業手順書のメリット

(4) 作業手順書を作っていない会社の問題点

　中小企業の製造業を訪問すると、作業手順書などがなく作業している姿をよく見かけます。何を基に作業しているのかうかがうと、作業のやり方は、先輩から口伝えで教えてもらい頭に入っているということです。いわゆる、口伝えの教えです。それでは覚えるのに時間がかかりますし、まだ教えてもらっていない異例な問題が発生した場合対応できないということも起こり得ます。また、もし間違って覚えてしまったら、その方法をずっと踏襲してしまうということも起こります。
　一方、工場などに自分流の作業手順書があり、何が正しいのかわからない場合もあります。こうしたことも整備していかなければ、災害が発生したり、品質を落としてお客様からクレームになったり、作業ミスで不良品がでたりします。

【コンサルティングのポイント】

①作業手順書の役割を説明

　作業のやり方はすべて体得していますので、手順書として書いておかなく

ても大丈夫ということがあります。しかし、その体得までに相当時間がかかったはずです。実際の作業を見たり聞いたりするよりも、作業手順書があると早い時間で覚えられ、戦力となります。

②熟練者に頼らない仕組み作り

熟練者がいると、しっかり教えてもらえるので確実に作業が進められます。しかし、そうした熟練者も定年で退職します。その時、簡単には技術は引き継げません。高度な技術であればあるほど、技能伝承として作業手順書を残しておく必要があります。

③見て覚えることからの脱却

見て覚えるやり方は便利です。しかし、そうやって覚えた作業は非効率な面があったり、事故の危険性などの問題を抱えていたりもします。作業手順書として記載することにより、問題の分析をすることができます。また、作業手順の標準化と効率化が目指せます。

4．建設会社のコンサルティング事例

(1) 現況

D社は、創業70年以上と市内では歴史ある有数の建設会社です。売上高は15億円、社員は30名。

売上高のうち、公共工事が7割を占めて、あとは民間工事です。また、工事の内訳は、建築工事と土木工事がほぼ50％です。

外部環境としては、近年、公共工事が減少するとともに、同業者間の競争が激化しています。こうした背景のなか、D社は工事利益が減少傾向にあります。

(2) 業績低下の主な原因

・建築工事で採算が厳しい工事にもかかわらず、担当営業が安易に受注してしまうことがある。
・工事部は、実行予算書なしで工事管理をすることがあり、そうした工事は、受注金額を上回る支出になったりしている。
・材料費の購入が現場代理人任せで、予算を超えるものもある。

・工事管理が外注先任せになり、作業日程が増加したりして外注費の増加につながっている。

(3) 対策
　・工事の受注と管理の見直しをする。
　・資材管理によりコストダウンを行う。
　・外注管理によりコストダウンを行う。

(4) 実施
　・工事の受注と管理の見直しを行う
　・赤字工事の受注はしない
　・工事の実行予算で赤字が認められる工事は原則受注しない

　ことにしました。従来、資金繰りのために赤字予定の工事でも受注していましたが、結局赤字で受注した工事は、社内でコストダウンなどしてもなかなか黒字にはなりませんでした。このため、赤字見込みの工事は受注をしない方針を打ち出しました。

　① 実行予算書なしの受注廃止

　緊急性のある工事など、実行予算書なしで受注して工事に着手している場合がありました。こうした場合は、予算が後付のため予想外の費用がかかり赤字工事になることがあったので、緊急性のいかんにかかわらず実行予算書を作成して受注に臨むことにしました。

　② 工事着工前会議の徹底

　工事着工前会議において、工事のVEなどをさらに検討し、コストダウンを進めました。

　③ 実行予算管理一覧表の作成と管理

　実行予算管理一覧表を作成して、毎月の工事進捗状況の管理と支払資金の管理をするようにしました。そうした管理において、コストダウンの検討会も並行して行い工事期間中のコストダウンを進めました。

　④ 資材管理によるコストダウン

　A. 資材購入の本部集中

　従来、工事ごとに現場代理人が直接購入していましたが、本部で一括購入する

ことにしました。

B. 資材購入先の選定

優良な資材購入先を選定するために、「資材購入先・外注先評価表」を作成し、資材購入先を点数評価して優良先を選定しました。

◪ **資材購入先・外注先評価表（例）**

```
1．品質（各項目5点満点）
  ① 品質第一の考えが浸透しているか                    □
  ② 品質保証システムができているか                    □
  ③ 不良品再発防止システムができているか              □
2．コスト（各項目5点満点）
  ① 当社の要求コストに対応できるか                    □
  ② コストの明細が明確になっているか                  □
  ③ コストダウンのための改善活動をしているか          □
3．納期（各項目5点満点）
  ① 当社の指定した納期に対応できるか                  □
  ② イレギュラーの納期に対応できるか                  □
  ③ 納期遅れに対応する体制はできているか              □
4．技術・技能（各項目5点満点）
  ① 高い技術もしくは技能があるか                      □
  ② 当社の要求にあった機械や設備はあるか              □
  ③ 機械や設備を使う技術者や技能者がいるか            □
5．‥‥‥‥‥‥
```

C. 資材購入価格

資材の単価については、自社で標準単価を設定しておき、指値、協議あるいは複数見積りなどにより決定しました。

D. 納期管理

納期手続きを制定して、納期管理を徹底しました。

E. 品質管理

資材購入先の品質調査の審査を実施するとともに、不良品については、再発防止策をとりました。

F. 在庫管理

在庫を必要以上に持つと資金効率などに影響しますので、適正在庫の把握、調達時間の短縮、陳腐化の防止を進めました。

G. 資材購入先の開拓と育成

常に新たな先の開拓を進めるとともに、既存資材購入先に対して、作業の標準化、品質管理、納期管理の指導育成をしていきました。

⑤ 外注管理によるコストダウン

A. 内外作の基準を作る

内作の場合の基準と外作の場合の基準を作成し、安易に外注しないようにしました。

B. 外注先の選定

優良な外注先を選定するために、「資材購入先・外注先評価表」を作成し、外注先を点数評価して優良先を選定しました。

C. 外注先の価格

外注内容に応じて、選定した数社から見積りをとり、内容の正確性、妥当性、価格を評価しました。自社で外注見積もり技術を磨き、価格の妥当性を高めることが重要です。

D. 納期管理

納期を順守するためにD社の職務分担や責任を明確にしました。また、仕事の命令、報告ルートを一本化していきました。

E. 品質管理

外注先の品質調査の審査を実施するとともに、不良部分については、再発防止策をとりました。

F. 外注先の開拓と育成

常に新たな外注先の開拓を進めるとともに、既存外注先に対して、作業の標準化、品質管理、納期管理の指導育成をしていきました。

(5) 改善結果

① 工事管理の見直しによる改善

工事全体の工事収益は72期6.3%でしたが、73期には7.4%になり1.1ポイント改善しました。

② 材料費の削減

売上高に対する材料費比率は72期13.6%でしたが、73期には13.0%になり、0.6ポイント削減しました。

③　外注費の削減

売上高に対する外注費比率は72期69.8％でしたが、73期には64.4％になり、5.4ポイント削減しました。

◆ D社の2期比較の損益計算書（粗利益まで）

第72期　損益計算書　　（単位:千円）

売上高		1,600,000
売上原価		1,500,000
	材料費	217,000
	外注費	1,116,000
	その他	167,000
売上総利益		100,000

第73期　損益計算書　　（単位:千円）

売上高		1,350,000
売上原価		1,250,000
	材料費	175,000
	外注費	869,000
	その他	206,000
売上総利益		100,000

人材育成をするためのコンサルティング術

5 人材育成をするためのコンサルティング術

▶人材育成としては、賃金体系、人事考課、目標管理、社員教育があります。
賃金体系は、働きと成果をリンクしていくもので、人事考課は、そのための査定制度です。また、目標管理は、会社の目標を基に個人の目標を設定し、その目標を達成していく力をつけることです。さらに社員教育は、担当が仕事をこなすために必要な項目を明確にし、修得させていくものです。

1．賃金体系を構築し、社員の採用と昇給を適正に行う

(1) 賃金体系

　賃金は、社員一人ひとりに支払われる働きに対する対価です。その賃金の構成として、基本給と諸手当がありますが、基本給は賃金のなかで構成割合が高く、最も重要な部分を占めています。
　そして、この基本給について会社業務に対応した賃金の体系として構築することになります。

(2) 賃金体系の構成

　賃金は、大きく分けて「基本給」と「手当」で構成されます。
　基本給は、名前のとおり賃金の基本的な部分であって、一般的には、年齢、勤続年数、能力、仕事内容などを考慮して支給されます。一方、手当は、特定の条件に合致した社員に対して支給される賃金です。役職手当、家族手当、通勤手当などがあります。

　① 基本給の構成
　一般的に、年齢給、勤続給、職務給、職能給などがある。
　A．年齢給
　年齢給は、年齢ごとに必要と思われる最低生活費を保障するために、年齢によって賃金に格差を設けるもの。

B．勤続給

勤続給は、勤続年数の長さを会社への貢献度として賃金に反映するものです。

C．職務給

職務給は、仕事の難易度・責任の度合いなどにより賃金を決める方法です。

D．職能給

職能給は、社員の職務遂行能力のレベルに対応して賃金を決定するものです。能力度合いを「職能等級基準」として定め、これに基づき各人の等級を決定します。

職能給が、「人間基準」の賃金であるのに対し、職務給は「仕事基準」の賃金といわれ、今何の仕事を行っているかということで賃金が決まります。

(3) 賃金体系構築の進め方

賃金の算定方法や構成を見ることを賃金体系といいます。ここでは、賃金のなかで、大きな金額を占める基本給の賃金体系のあり方を説明します。

① 基本給の決め方

基本給の算定方法を何に求めるのかということは、会社は社員に対し、何をもって処遇するのかというきわめて重要なことになります。したがって、それぞれの特色や問題点を理解し、自社の固有の事情や経営方針をふまえ、十分検討を重ねたうえで決定する必要があります。これからの賃金を考えると、やはり本人の年齢や勤続年数といったものではなく、本人の能力によって決定される職能給や担当する仕事によって決定される職務給が基本となります。

また、中小企業では、職務給だと職務評価に手間がかかり、新たな仕事が増えたり、仕事の内容が変わったりした場合、メンテナンスが大変になります。また、1人の社員がいろいろな仕事を掛け持ちしている場合も多いです。

こうした現状では、職務給よりも職能給が適しています。

ここでは、中小企業で多く導入されている職能給について解説していきます。

② 職能給の導入について

A．職能給の基本的な考え方

職能給は、本人の能力により賃金が決まり、明確な基準が示されることから、労働意欲の向上や優秀な人材に対する適正処遇といった面で非常にすぐれたシステムです。

とくに、賃金体系を初めて構築する会社（総合決定給から移行する会社）、社員に１つの職務だけではなくさまざまな仕事をさせるような会社では、職能給の導入が適しています。

B．職能給の仕組み

職能給では、職能等級基準と職能給表と昇給表を作成します。

社員は、職能給の導入時に職務能力や職能等級基準に基づいて等級が決定されます。次に同じ等級のなかでも、社員ごとに号数が決められて職能給が決定されます。

そして、毎年人事考課を行い、社員の職務遂行能力の向上度合いについて「昇給表」に従い昇給額が決定され、新たな年度の等級・号数が決まります。

a．職能等級基準の作成

等級別に職能等級基準を設定します。

◆ 職能等級基準（例）

等級		業務の遂行能力	業務知識
管理職	7級	高度な専門的知識と実務の経験により、的確な判断力、企画力、折衝力など相当複雑な業務を遂行できる能力を持つ	業態の動向、専門知識、経営管理知識がある
	6級	担当業務について、専門知識と実務経験に基づき、下位を指導し業務を遂行する能力を持つ	担当業務について専門的な知識がある
監督職	5級	上司より一般的な指示を受けるが担当業務について、専門知識と実務経験で下位を指導し業務を遂行する能力を持つ	高度な実務知識と関連業務の知識がある
	4級	業務処理について、上司指導のもとに定形外の業務を遂行でき、下位を指導できる能力を持つ	担当業務に高度な実務知識がある
一般職	3級	業務処理について、上司から直接指導を受けて、定められた手続きに従って、複雑な定形業務を遂行できる能力を持つ	担当業務に実務知識がある

b．職能給表の作成

等級と号俸別の職能給表を作成します。各社員の等級が決定されると、さらに同じ等級のなかでも社員ごとに号数が決められ、職能給が決定されます。

◆ 職能給表(例) (単位:円)

号	3級 1号当たり 700	4級 1号当たり 800	5級 1号当たり 900
1	190,000	210,000	240,000
2	190,700	210,800	240,900
3	191,400	211,600	241,800
4	192,100	212,400	242,700
5	192,800	213,200	243,600
6	193,500	214,000	244,500
7	194,200	214,800	245,400
8	194,900	215,600	246,300
9	195,600	216,400	247,200
10	196,300	217,200	248,100
11	197,000	218,000	249,000
12	197,700	218,800	249,900
13	198,400	219,600	250,800
14	199,100	220,400	251,700
15	199,800	221,200	252,600

C．昇給

毎年人事考課を行い、社員の職務遂行能力の向上度合いについて、一般的には5段階のランク（S～D）に分け、これをもとに「昇給表」に従って昇給額が決定され、新たな年度の等級・号数が決まります。

◆ 昇給表(例) (単位：円)

等級	1号当たり金額	ランク S	A	B	C	D
7級	1,100	7,700	6,600	5,500	4,400	3,300
6級	1,000	7,000	6,000	5,000	4,000	3,000
5級	900	6,300	5,400	4,500	3,600	2,700
4級	800	5,600	4,800	4,000	3,200	2,400
3級	700	4,900	4,200	3,500	2,800	2,100
2級	650	4,550	3,900	3,250	2,600	1,950
1級	600	4,200	3,600	3,000	2,400	1,800
昇給対応号数		7号	6号	5号	4号	3号

(4) 賃金体系の構築のメリット

賃金体系の構築には、次のようなメリットがあります。

第1は、社員を採用する際の賃金は、現在の社員の賃金水準を勘案して賃金規程の採用規定により容易に決定できます。第2に昇給方法も定められていますので、人事考課を基に査定を行い、社員の貢献度合いにより昇給を行うことができます。第3に、社員の能力をきちんと評価し、賃金表により、現在の社内における位置づけを明確にすることができます。同時に、役職と賃金もリンクさせて、役職に見合った賃金を支給していきます。

(5)　賃金体系を作っていない会社の問題点

　賃金表のように社員の位置づけを定めるものがないために、自分の賃金が社内でどの位置にいるのかがわかりませんし、きちんと評価されているのかもわかりません。また、新たに社員を採用する場合に、賃金を決定する基準がないので、その都度苦労します。さらに、毎年の昇給に関して基準がないために、社員に対して貢献度に応じた号的な昇給の決定ができません。このため、社員の賃金に対する不満のもとにもなっています。

【コンサルティングのポイント】

①賃金体系の役割を説明
　賃金体系は、社員の賃金を決めるシステムであり、また社内での地位を決めるシステムでもあります。賃金体系のシステムを整備していくことで、社員は自分がどこを目指していくべきなのかが明確になります。

②社員を採用する際の賃金
　社長が社員を採用する際、入社する社員の要望などを勘案して決定していくと、賃金に個人差が出てきてしまいます。きちんとした賃金体系に基づき社員を採用・賃金を決定していくことで、社内の公平が保たれます。

③昇給の扱い
　たとえ利益が厳しい年であっても、成果を出したものには定められた昇給はすべきです。そうしないと社員のやる気が出ません。
　会社の業績は最優先ですが、それだけで昇給を決めてしまうと頑張った人が報われません。賃金体系は、たとえ会社の業績が全体として一時的に悪くても、頑張った人が昇給できるシステムです。

2．人事考課を行うことで、社員を適正に評価できる

⑴　**人事考課とは**

　会社に対して、努力して貢献度が高い社員と努力せず貢献度が低い社員が同じ昇給だとすれば、不公平です。こうしたことをそのままにしておくと社員は仕事にまじめに取り組む意欲がなくなってきます。このため、会社ではきちんと貢献度を評価して、適正な処遇をしていくことが必要です。この社員の貢献度を正しく評価する方法として人事考課を行います。

⑵　**人事考課の内容**

　①　人事考課を実施するための条件

　人事考課の条件には、3つあります。

　第1には、人事考課基準が作成されていることです。第2には、作成した人事考課基準が社員に公開されていることです。第3には、人事考課基準によって考課した結果が社員にフィードバックされていることです。

　②　人事考課を行う目的

　人事考課の目的には、次のようなものがあります。

　A．会社への貢献度評価（最も重要な評価です）

　会社に対する貢献度を適正に評価し、その結果を昇給、昇格、賞与などに反映させます。

　B．能力開発

　担当している仕事の能力を評価するとともに、さらに伸ばしていく役割があります。

　C．適正な配置

　評価をするなかで仕事の能力や適性を判断して、最も適した職務配置に利用します。

　③　人事考課の評価対象

　人事考課の評価対象は、勤務時間内における業務上での発揮度を対象とします。このため、性格や潜在能力などは評価対象としません。

　④　人事考課の構成

　人事考課は、原則として、成績考課と執務態度考課と能力考課という3つの考

課により評価する構成になっています。

　Ａ．成績考課

　成績考課は、仕事の内容について質的な面と量的な面から評価します。

　Ｂ．執務態度考課

　執務態度考課は、仕事に取り組む行動を評価します。規律性、協調性、積極性、責任性などを評価します。

　Ｃ．能力考課

　能力考課は、仕事を遂行できる能力を評価します。知能・技能、判断力、企画力、折衝力、指導力、理解力、創意工夫などを評価します。

　⑤　考課の種類

　考課の種類は、賞与、昇給、昇格の３種類です。

（注）昇格は、職能等級制度を導入している会社を基準にしています。

　⑥　考課要素のウェイト

　各考課要素は、役職、職務、職種などによって評価にウェイトをつけます。また、考課の種類によっても評価にウェイトをつけます。

(3) 人事考課の進め方

人事考課は、次のように行います。

　①　考課者

　原則として、次のような段階の評価をしていきます。１次考課者は、被考課者の直属の上司になります。２次考課者は、１次考課者の上司になります。また、１次考課者と２次考課者の考課結果に違いがある場合には、２次考課者は１次考課者の意見を聞いて原因を追究します。３次考課者は最終考課者で通常は経営者がなります。

　②　考課方法

　考課方法は、原則として、あるべき姿（会社の求める水準）に対してどういう水準なのかを評価します。

（注）被考課者全体の順位を決めＳは全体の５％、Ａは10％というように評価割合を決める相対評価は原則として行いません。

　③　考課結果のフィードバック

　面接により、考課結果を説明します。考課結果のよい者には、どこがよかった

のかを説明するとともに、さらに高い目標を目指すように指導します。一方考課結果の悪い者には、なぜ悪かったのかを説明するとともに、改善策を一緒に検討します。

④　考課の実施

考課は、次により行います。

A．賞与の考課

賞与は、賞与の考課表により評価します。賞与の考課表は、成績考課と執務態度考課の考課要素の考課表を作成して評価します。

◆ 人事考課表・賞与（例）

考課要素			評定基準	1次			2次			決定
成績考課	仕事の質	1	仕事は、正確（間違いがない）であったか。	5	3	0	5	3	0	
		2	仕事の出来栄えは良かったか。	5	3	0	5	3	0	
	仕事の量	1	仕事は、無駄なくテキパキと敏速に処理していたか。	5	3	0	5	3	0	
		2	仕事が遅れて間に合わなかったことはなかったか。	5	3	0	5	3	0	
執務態度考課	規律性	1	上司の指示、命令はきちんと受け、守っていたか。	2	1	0	2	1	0	
		2	報告、連絡、相談は正確に行っていたか。	2	1	0	2	1	0	
	協調性	1	同僚の仕事を援助していたか。	2	1	0	2	1	0	
		2	同僚とトラブルを起こさなかったか。	2	1	0	2	1	0	
	積極性	1	人の嫌がる仕事を進んで行っていたか。	2	1	0	2	1	0	
		2	問題意識を持ち改善しようとしていたか。	2	1	0	2	1	0	
	責任性	1	仕事を途中で放棄する事はなかったか。	2	1	0	2	1	0	
		2	責任を回避・転嫁する事はなかったか。	2	1	0	2	1	0	

B．昇給の考課

昇給の考課は、改めて昇給として考課するのではなく、夏と冬の賞与の考課表において、2回の評価を勘案して昇給評価を決定します。

（注）昇給の場合は、考課表による考課はありません。

C．昇格の考課

昇格の考課は、昇格の考課表により評価します。

◆ 人事考課表・昇格(例)

考課要素		評点	評定基準	1次			2次			決定
能力考課	知識・技能	1	仕事に関する基本知識を習得している。	5	3	0	5	3	0	
		2	仕事に関連した知識を習得している。	5	3	0	5	3	0	
		3	手順どおりの仕事ができる。	5	3	0	5	3	0	
		4	仕事の段取ができる。	5	3	0	5	3	0	
		5	他の関連部門の仕事もする事ができる。	5	3	0	5	3	0	
	判断力	6	事態を正確に判断し、対応できる。	5	3	0	5	3	0	
		7	急なトラブルにも迅速に対処できる。	5	3	0	5	3	0	
		8	自己流に陥ることがない。	5	3	0	5	3	0	
		9	必要に応じ上司の指示を仰いだり、同僚に意見を求めている。	5	3	0	5	3	0	
	折衝力	10	問題解決において相手と粘り強く交渉している。	5	3	0	5	3	0	
		11	問題点について円満に処理している。	5	3	0	5	3	0	
		12	話し合いで自分の考えを相手によく伝えている。	5	3	0	5	3	0	
		13	相手の考えを理解しようとしている。	5	3	0	5	3	0	

(4) 人事考課のメリット

人事考課には、次のようなメリットがあります。

第1に、仕事の貢献度に対応した賃金が支給できます。第2に、能力アップしていくための情報になります。第3に、評価を基に、適材適所の配置をすることが可能になります。

(5) 人事考課の仕組みを作っていない会社の問題点

評価システムが整備されていません。昇給、昇格や賞与支給時の評価は、経営者の主観で行っています。このため、どうしても不公平な評価になることがあります。場合によっては評価の差を付けず一律の昇給を行っています。

また、昇格も社員の能力を見て適任だから昇格させるというよりも、売上などの華々しい成果がでたから役職につけるということがしばしばみられます。こうしたことを実施していると、社内では、徐々に社員のモチベーションが落ちてきて、この結果、業績が低下することにまで影響してきます。

【コンサルティングのポイント】

①人事考課の役割を説明
評価表もなく評価すると感覚的な評価に陥りやすいです。何を基準にするのかを明確にして評価し、その結果をフィードバックしましょう。人事考課表の基準を明確にすると、社員はそれに従って行動するようになります。評価表は、社員にどう行動したらよいかを知らせるツールとなります。

②評価の方法
直属の上司の評価は重要です。しかし、さらに上の上司の評価も必要です。1人の評価では結果が片寄ることがあります。それを防ぐため、何段階かの評価を行い、片寄をなくします。評価は、定性的な部分が多くあるため、人によっては評価が分かれてしまいます。何段かの評価を行うとともに、評価に大きなずれがある場合は協議して調整します。

③評価の差
社員全員が同等の力量を持つとは限りません。このため、仕事のなかでは差がつくことがあります。そうした場合には、人事考課で仕事内容や成果を正確に評価することが公平です。

3．目標管理を実施し、社員のモチベーションアップを図る

(1) 目標管理とは

目標管理は、上司が部下に対して、会社の方針に基づいた部門の目標を説明し、部下は、半年あるいは1年間の仕事の目標を定量的あるいは定性的に作成して、それを実施していくものです。この制度により、会社の目標を確実に達成することができます。

(2) 目標管理の進め方

目標管理の役割には、次の3点があります。
第1に、経営計画の個人の展開です。
経営計画を推進していくのは、最終的には個人です。経営計画は、会社の経営目標、部門目標、個人目標とリンクしていきます。しかし、押しつけの目標では

なく、部門の目標に対して個人が自ら目標設定して自主管理していくことで、やる気につながるものです。

　第2に、人事考課に利用します。

　社員1人ひとりの業績や能力の向上度合いを、目標管理を通して的確に把握し、それを公平に評価することにより、賞与等の査定や人事の処遇に反映させることができます。

　第3に、社員の能力開発をします。

　自らが主体的に目標を設定し進めていくことは、主体的な能力開発につながります。また、目標管理についての部門長との進捗面談により部門長の指導、助言に基づき人材育成をすることができます。

　目標管理の進め方は、次のようになります。

① **目標管理の流れ**

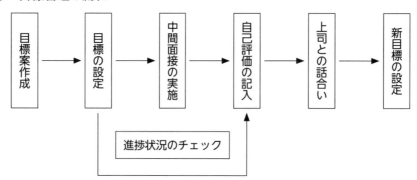

② **目標管理表の利用**

　目標管理制度を導入するにあたり、各社員が目標管理を実施するために、目標管理表を使用します。

（注）p.106の別紙「目標管理表の記入例」を参照

③ **目標設定の基本的な考え方**

A．目標の設定から評価、そして新たな目標の設定に至る過程において、部下と上司は十分な話し合いを持つことを基本とします。

B．目標の設定については、自己申告をベースとするので、その目標は「自分が何で評価されたいか」という点を十分に認識したうえで行います。

④ **重点目標の作成**

　重点目標は部門目標に沿ったものとするため、あらかじめ考課者（以下「上司」

という）は査定対象者（以下「部下」という）に対して、部門目標の説明を行い、上司が部下に対して何を期待し、要求しているかを明らかにします。

　上司は部下に対して、何をもって業績に貢献でき、何をもって評価されるべきなのかを十分に考えさせ、そのうえで自己申告させます。

　⑤　重点目標の決定

　部下は、上司と重点目標の内容について十分な話し合いを行い、重点目標を正式に決定します。また、重点目標を遂行するにあたっての実施期間を目標管理表に明確に記載し、併せて目標達成の時間管理を徹底します。

　重点目標は次の点に十分留意して、適時適切なものを設定します。

A．原則として4項目とする。
B．部門目標にリンクしたもので、できるだけ貢献度が明確になるものを原則とする。
C．原則として担当職務内容に応じたものとする。ただし、現在の職務内容以上の目標についても、チャレンジ目標として積極的に設定することを望む。
D．達成度が明確に把握できるよう、できるだけ計量的なものとする。いったん決定した重点目標については、相当な環境変化等の理由がない限り、期中において目標数字等の変更を行わないことを原則とする。

　⑥　スケジュール

　重点目標を達成するために、毎月何を行うかを予定欄に記入し、その月の実績を実績欄に記入します。

　⑦　期中の目標管理

　部下は設定した重点目標を常に念頭に置き、目標達成に努力するとともに、達成度については常時自己チェックを行います。適時、上司は部下の重点目標の進捗状況をヒアリングし、必要な場合には適切なアドバイスを行い、部下の能力向上に努めます。

　⑧　中間面接の実施

　上司は3か月を経過した時点において中間面接を実施し、重点目標の進捗状況をチェックします。

　⑨　自己査定の実施

　6か月が経過した時点において、部下に重点目標の「達成度」と結果に対する「自己評価と反省点」を記入してもらい、自己評価による査定を実施します。

その際、上司は部下との話し合いを行い、重点目標として設定した事項以外にも実績等があり、これらの実績についても評価を加える必要がある場合には、「重点目標以外の職務遂行」欄にも実績等を記入してもらい、自己評価を実施させます。

⑩ 実績査定

上司は実績査定を行う前に、各重点目標が部下の職務経験等と比較してどの程度の水準なのか、重点目標ごとに難易度を評価して記入します。項目によっては、目標設定時に比べ外部要因により難易度が変化する場合もあり、これらの要因も考慮に入れます。

上司は、重点目標ごとに実績査定を行います。原則的には、1次考課者と2次考課者の2人により実績査定を実施します。

また、目標管理表の評価結果については、賞与等の実績査定にも使用します。

(3) 目標管理のメリット

目標管理には、次のようなメリットがあります。

第1に、押しつけの目標ではなく、部門の目標に対して個人が自ら目標設定して管理していくことで、やる気につながります。第2に、社員1人ひとりの業績や能力の向上度合いを目標管理により的確に把握し評価することで、人事査定や人事の処遇に反映させることができます。第3に、自ら目標を設定し進めていくことは、自分が中心となった能力開発となります。第4に、目標管理についての部門長との進捗面談により部門長の指導、助言に基づき人材育成をすることができます。

(4) 目標管理を作っていない会社の問題点

会社として、売上などの目標数字や施策は立てているものの、その目標数字を具体的に個人に割り当てず、また施策の担当者も決めません。ただひたすら、みんなで全員営業といって進めています。このため、誰かやってくれるだろうという考えになり数字や施策に責任をもたないといった現象が発生し、結果として目標を達成できません。

【コンサルティングのポイント】

①目標管理の役割を説明
　会社全体の目標があっても、会社の目標に対して、個人として具体的にどのように関わっていくかは明確でない場合があります。
　このため個人レベルまで目標設定していきましょう。

②目標を書くのが手間という意見への対応
　目標を書くということは、そこで、自分のやるべきことを文書で上司と自分にコミットすることです。そうするとそれは決意となり忘れずに果たそうとします。

③文書を書くことに慣れる
　文章で書くという行為は、業務上いろいろな場面で必要になります。文章が書けなければ技能伝承もできません。製造に関わる報告書を書く際などにも必要です。苦手意識を持たず、伝える手段と考えて実施しましょう。

目標管理表のフォーマット

| 社員番号 | 氏名 | 所属 | 役職 | 年齢 歳 | 現担当職務 | 現職務担当期間 年か月 | 1次考課者 ○○ | 2次考課者 ○○ |

	重点目標（本人記入）	スケジュール（月別予定・実績管理）					達成度（本人記入）自己評価と反省点	自己査定	難易度	考課 1次 2次
		月	月	月	月	月				
1		予定								
		実績								
2		予定								
		実績								
3		予定								
		実績								
4		予定								
		実績								
（追加・変更目標）・・中間面接時に記入										
5		予定								
		実績								

重点目標以外の職務遂行（期間終了時に本人が記入）

	実績内容	自己評価	自己査定	難易度	考課 1次 2次
1					
2					

※重点目標以外に何か評価すべき実績を達成した場合は、実績内容を記入して自己評価すること。

*自己査定欄、難易度欄は、以下の基準により記入すること。

□自己査定
S：大きく目標を上回る
A：やや目標を上回る
B：目標どおり
C：やや目標に劣る
D：大きく目標に劣る

□難易度
5：大変困難
4：大変困難
3：やや困難
2：相応
1：やや容易

4．社員教育を通して、社員のスキルのアップを図る

⑴　社員教育とは

　社員教育は、企業にとって重要な課題です。社員教育をしなければ、スキルが進歩せず常に同じことしかできません。社員教育をしていくことで、上級の仕事をしたり、他の仕事をしたり、他部門の仕事も可能となります。社員教育は、そうした仕事力をアップするための教育です。

⑵　社員教育の進め方

　社員教育としては、次のように進めていきます。

　①　スキルマップの作成

　スキルマップにより個人の能力を顕在化します。スキルマップで個人の能力の状況を把握したうえで目指す能力を設定していき、能力開発をしていきます。

　スキルマップは、次の手順で作成します。

　　A．各部門において、どのようなスキルが必要なのかをカードなどに書き出します。
　　B．仕事単位を分類し、さらに要素単位にまとめます。
　　C．必要に応じ要素をさらに作業単位までまとめます。
　　D．選択した要素単位ごとに仕事の難易度を設定します。

　具体的な例としては、次のようにします。

　　A：難しい　B：普通　C：容易

　　E．選択した要素ごとに現在のスキルの評価をします。

　具体的な例としては、次のようになります。

　　●：指導できる　◎：1人でできる　○：少しできる
　　△：ほとんどできない　無印：できない

◆ スキルマップ表の事例（印刷会社の例）

要素	基本ソフト	DTP基礎	プレス基礎	製版基礎	製造の基礎	設備管理	データ管理	進行管理	見積り	デザイン	5S運動	パソコン	報・連・相	積極性	挨拶	指導力
難易度＼氏名	A	A	A	A	B	A	A	A	A	B	B	C	C	C	A	
○○	○	●	△	△	△	○	○	○	△	△	△	○	○	○	○	

② スキルアップとマルチスキル化

スキルアップ計画・実績表でスキルアップとマルチスキル化を進めます。スキルアップ計画・実績表で、指導を受ける者と指導者を決めて、スキルマップに基づいて、年間計画を立てて計画的に教育していきます。

◆ スキルアップ計画・実績表の事例（印刷会社の例）

製造部門		スキル名		基本ソフトの習得						
被指導者	指導者	現在スキル	目標スキル	区分	○月	○月	○月	○月	○月	○月	○月
○○	○○	△	○	計画	→	→	→	終了			
				実績	→	→	○				

(3) 社員教育のメリット

スキルマップを使った方法には、次のようにメリットがあります。

第1に、社員のスキルの現状が把握できます。第2に、スキルマップにより、次の目指すステップがわかります。第3に、全体のスキルアップを目指すことでマルチスキル化が推進できます。第4に、マルチスキル化により、個人でマルチな仕事ができるようになり仕事の効率化が進みます。

(4) 社員教育をしていない会社の問題点

社員の教育にあまり関心がなく、経営者は、社員は現場作業のなかで仕事を覚えていくものだと考えています。こうした企業では、作業現場に卓越した技能を持つ先輩がいて、入社してきた後輩に口伝えて教えていくか、あるいは自分の作

業を見せて真似させる、「見て覚える方法」になっています。こうした方法は、いわゆる身をもって覚える方法なので、修得したとすればなかなか忘れません。しかし、見て覚える場合には、時間が相当かかってしまうという問題があります。

【コンサルティングのポイント】

> #### ①社員教育の役割の説明
> 　現状の仕事をしているだけでは、仕事の領域が広がりません。このため新たな仕事を体系的に学ぶ仕組みを作り、生産性の向上につなげていきます。
>
> #### ②仕事は計画性を持って覚える
> 　個人がやりたい仕事から覚えていくのでは計画性がありません。また、会社には、覚えてもらいたい仕事は決まっているはずです。まずは、所属を決めて、そこで覚えるべき仕事を棚卸してください。そして、自分のスキルがどの程度なのかを把握して、足りない部分を修得してきます。
>
> #### ③仕事の効率化のためにマルチスキル化を推進
> 　1つの仕事を専門として育つと、その仕事に関しては相当なスキルを持つことになり、正確に早く処理することが可能です。しかし、それだと他の人や他部門の仕事をカバーすることができません。全員にマルチスキルがあれば会社全体として効率的に仕事ができます。

5. 建設会社のコンサルティング事例

(1) 現況

　E社は、創業50年の戸建て専門の建設会社です。民間の建設工事が中心で、市内では請負額では上位クラスにあります。しかし、同業者間の競争は激しく、利益は減少傾向にあります。

　一方、社員は、担当ごとに受注した工事を管理していますが、工事期限が過ぎたり、コストが受注金額を上回る赤字工事となったりすることが発生していました。管理職も部下に案件を任せきりで、工事上のトラブルも発生していました。

(2) 業績低下の主な原因
・工事が担当者任せとともに、工事の進捗は成り行き管理となっており、当初利益を確保できない物件が発生している。
・工事コストも、現場代理に任せきりのため、予想外の工事で費用負担が増加しても対策を講じていない。

(3) 対策
・目標管理制度を導入し、工事監督者の管理の採算を徹底する。
・上司は、個人別の管理表により工事の進捗度合を把握し、問題点があれば迅速にアドバイスをしていく。

(4) 実施
① 目標管理表の作成
目標管理表を本部で作成し、社員全員に配布するとともに内容の記載方法を説明しました。
② 面接
E社の場合は上司が毎月面接を行い、重点目標進捗状況を検証しました。
③ 自己査定
6か月経過後に、部下に達成度と結果に対する自己評価と反省点を記入させるとともに自己査定を行いました。
また、重点目標以外の職務遂行があれば、当該欄に実績と自己評価を記載させました。
④ 実績査定
上司は、重点目標ごとに難易度を評価し記載しました。さらに、1次考課者と2次考課者がそれぞれ実績査定を行いました。
⑤ フィードバック面接
実績査定終了後、その評価結果についてフィードバック面接を行いました。査定の事例は p.111 の図　目標管理表の記入例を参照してください。

目標管理表の記入例

社員番号	氏名	所属	等級	役職	年齢	現担当職務	現職務担当期間	1次考課者	2次考課者
123456	山田 太郎	工事部	3級	主任	34歳	現場施工	12年0ヶ月		

	重点目標（本人記入）		スケジュール（月別予定・実績管理）						達成度（本人記入）自己評価と反省点	自己査定	難易度	考課1次	考課2次
			4月	5月	6月	7月	8月	9月					
1	受注した工事について、工事進捗管理表を基に工事の進捗管理を行い、得意先全体の平均粗利益は25％を獲得する。	予定 実績	進捗管理の徹底 1工事完了し25％確保した。	予定どおり進捗。 予定どおり進捗。	予定どおり進捗。 1工事完了し23％だった。	予定どおり進捗。 1工事完了し28％確保した。	予定どおり進捗。 →		1工事当たりの粗利益は、全体で25％は確保しました。しかし、工事によっては25％を下回るものもあったので、工事内容を見直し、同じような工事で今後25％確保できるようにしていく。	A	3	A	A
2	資材購買において、従来の購入価格の平均10％のコストダウンを図る。そのために、購入先の過去の購入状況を基に交渉していく。また、新たな購入品を購入品ごとに開拓していく。	予定 実績	購入先のリストアップ リストアップ完了。	5先コストダウン交渉する。 5先交渉し10％ダウンした。	5先コストダウン交渉する。 5先交渉し10％ダウンした。	5先コストダウン交渉・新規開拓する。 5先交渉し10％ダウン、新規リストアップ完了。	5先コストダウン交渉・新規開拓する。 5先交渉し10％ダウン、リストアップ3先契約。		購入先の平均購入コストを10％削減できた。一方、新規購入先の開拓し3先開拓したので、新規購入先の開拓とコスト交渉を進めていく。	A	3	A	A
3	外注先について、従来の外注費用の平均10％のコストダウンを図る。そのために、外注費の過去の原価を精査して、コストに応じてコストダウン交渉していく。また、新たな外注先を工種ごとに1先は開拓していく。	予定 実績	外注先リストアップ リストアップ完了。	3先コストダウン交渉。 3先コストダウン交渉。	5先コストダウン交渉。 5先コストダウン交渉。	5先コストダウン交渉・新規リストアップ。 5先コストダウン交渉・新規リストアップ完了。	5先コストダウン交渉・新規リストアップ。 5先コストダウン交渉・リストアップ3先契約なし。		既存外注先の平均外注コストを10％削減することができた。一方、新規外注先の開拓はできなかったので、外注先の所在範囲を広げて開拓交渉を進めていきたい。	C	3	B	B
4	住宅工事完成時に現場見学会を行い、1回の見学会には各様の来場を20名以上確保し、1棟は成約の来場を近隣を見込み、チラシ成約を近隣に2,000枚配布し、現場でのセールスを強化する。	予定 実績	現場見学会の予定。 現場見学会実施、25名来場。	現場見学会の予定。 前回の来場者より1名契約。	現場見学会予定。 現場見学会実施、20名来場。	現場見学会予定。 前回の来場者より1名契約。	現場見学会予定。 現場見学会実施、30名来場。	前回の来場者より1名契約	現場見学会ごとに来場者20名を超え、成約者もチラシの各様も成約することができた。今後はチラシ内容を見直して来場者をさらに増やしていき成約数に1棟に成約できるようにせたい。	A	4	A	A
5													

（追加・変更目標）・・中間面接時に記入

重点目標以外の職務遂行（期間終了時に本人が記入）

	実務内容		自己評価	自己査定	難易度	1次	2次
1	工事において、不適合の発生を防止することと、外注先や資材の手配を予定通りに行い、工事期限を厳守した。	予定 実績	工事において不適合が一部発生したものの、今後不適合の予防を通じてすべて工事期限内に完了させ、予定通りの利益をだすことができた。	A	2	B	B
2	受注した工事について、VEを必ず行い経費工事の5％以上のコストダウンを行った。		受注した工事について、VEを実施したことにより、工事全体の利益を2％行い経費工事にてVE会議を有効に継続していく。	A	2	B	B

※重点目標以外の何かの評価すべき実績を達成した場合は、実績内容を記入して自己評価を行うこと。

*自己査定欄

それぞれに1項入ること。

□自己査定
S：大きく目標を上回る
A：目標を上回る
B：目標どおり
C：やや目標に劣る
D：大きく目標に劣る

難易度欄は以下の基準により記入

□難易度
5：大変困難
4：大変困難
3：相応
2：やや容易
1：やや容易

(5) 改善結果

① 工事管理が予定通りとなる

　工事が予定より遅れてしまい、施主に迷惑をかけていましたが、そうした事態はなくなりました。

② コスト削減となる

　工事手法などを上司と毎月協議するようになり、工事の効率化を推進することができました。

③ トラブル防止となる

　上司とともに工事上で発生したトラブルの対処や発生しそうなトラブルを未然に防ぐことができました。

④ 人事考課の利用と能力開発につながる

　目標管理表により、人事考課において仕事の成果としてきちんと評価することができました。また、上司との対話が進み、目標管理表を通じて仕事の伝承がスムーズにいきました。

計数管理をするための
コンサルティング術

6 計数管理するためのコンサルティング術

▶損益管理としての予算管理、工事の採算管理としての実行予算管理、そして、資金の管理としての資金繰り管理は計数管理の基本となり、企業の数字の土台となります。

1．予算管理することで経営計画の進捗を数値管理する

(1) 予算管理とは

予算管理は、予算管理表を基に利益計画と実績を対比して月別に詳細に管理していくものです。予算管理表で予算と実績に差異が生じた場合は原因を分析して、差額解消に向けて対策を講じます。

(2) 予算管理の進め方

予算管理は、次のように行います。

① 年度予算の作成

年度単位の目標利益計画を基準に作成します。支店がある場合は、支店単位で予算管理を行います。

よく、本店と支店を一緒にして管理し、支店からは月次の売上のみを本社に報告して終わりにしているケースがあります。これでは、どこで利益がでているのか、あるいは損失がでているのかわからず、また責任の所在もあいまいになります。こうしたことから、全社レベルの予算管理だけでなく、支店単位の予算管理化が必要です。

支店単位の予算管理を行う場合、本社経費の取扱いに留意します。基本的には、本社経費は本社で予算管理をします。よく、本社経費を支店に配分している例をみかけますが、その場合は、配分基準を明確にし、各支店で不公平のないように注意を払う必要があります。

また、本社経費を支店に配分したとしても、あくまでもその管理は本社であることを忘れないでください。

② 月次予算の作成

基本的には、年度予算を月次単位に割り振っていきます。

ただ、季節変動のある会社は、過去何年かの季節変動の実績を分析し、来期の

変動要因を考慮して割り振りをするなどの工夫が必要です。

予算管理表としては、当月までの累計の計画、実績、差額と月別の計画、実績、差額を作成していくのが一般的です。

③ 月次決算

中小企業の場合は、顧問税理士から年に一度決算書が送られてくるのみで、月次の試算表がないところが少なくありません。これでは、年に一度の決算にならないと儲かったのか損したのかわからず、その間、何もできないことになります。

試算表は、計画経営には必須です。試算表がない場合には、この予算管理を始めるのを機会に作ってください。

また、たとえ試算表ができていても支店単位に作成されていない場合があります。その場合は、伝票の起票段階で支店別に区別するなどの事務手続きの変更をして、支店別に試算表ができるようにします。

④ 差異分析

計画と実績に差額が生じた場合は、その原因分析をしなければなりません。この部分をおろそかにしていたのでは、予算管理をやる意味がありません。

計画と実績に差額が生じた場合は、第1に仕事のやり方に問題がなかったか、第2に決まったことを実行していたか、第3に方針に間違いはなかったかを検討していきます。

そして、原因が把握できたら、その対策を早急に実施することです。

仕事のやり方が悪かったり、決まったことを実施していなかったり、あるいは方針に間違いがあったりした場合は、責任者を指導し、軌道修正していきます。

一般的に予算が未達の場合は、取引先や環境のせいにしてしまいがちです。こうした理由で安易に予算を修正してしまうと、当初の利益目標は当然不可能となります。ただ、天災地変等の不測の事態には、予算の下方修正が必要となります。その場合も、極力最小限にとどめるようにします。

(3) **予算管理のメリット**

経営者にとっては、第1に、経営計画の達成状況をリアルタイムで把握できます。第2に、予測される環境変化に注意を払うことができます。第3に、責任を明確にすることができます。

管理者にとっては、第1に、何をすればよいのかが明確になります。

◆ 予算管理表（例）

(単位：万円)

項目	年度予算	当月までの累積			○月			○月		
		計画	実績	差額	計画	実績	差額	計画	実績	差額
1.売上高	12,000	1,000			1,000			1,000		
2.売上原価	8,400	700			700			700		
材料費	3,000	250			250			250		
労務費	3,000	250			250			250		
外注費	1,200	100			100			100		
経費	1,200	100			100			100		
売上総利益	3,600	300			300			300		
3.販売費一般管理費	2,400	200			200			200		
人件費	1,200	100			100			100		
賃借料・リース料	840	70			70			70		
旅費・交通費	240	20			20			20		
その他経費	120	10			10			10		
営業利益	1,200	100			100			100		
4.営業外損益	600	50			50			50		
支払利息・割引料	600	50			50			50		
その他損益	0	0			0			0		
経常利益	600	50			50			50		
差異対策										

第2に、業績を測定する基準が明確になります。

一般社員にとっては、第1に、目標数値が明確になります。第2に、費用を意識した行動がとれます。

(4) 予算管理をしていない会社の問題点

伸びない企業では毎年売上目標を設定し、それを目標に毎月売上実績を管理しています。売上の管理が中心で、売上が伸びると喜び、逆に売上が下がると悲しむと言った社内の雰囲気になっています。また、売上目標のみの管理で損益ベースでの予算管理はしていないので、売上目標を達成したとしても、諸経費が増加したりすると損益ベースで赤字になる場合もあります。

6 計数管理するためのコンサルティング術

【コンサルティングのポイント】

①予算管理の役割を説明
実績管理だけですと、結果だけの管理になります。これですと、これだけ売れたなどの数字でしかありません。そのため、成り行き管理になってしまいます。予算管理の役割は、成り行き管理を排除することです。

②計画と実績の活用
予算を計上しても必ずしも実績は予算通りにはなりませんが、予算を目指して努力することにはなります。また、予算と実績が異なった際は原因追及をすることで、次月以降に問題点の改善をしていくことができます。

2．実行予算管理を行い成り行き的な支出管理を防止

(1) 実行予算管理とは

建設業などでは、受注工事ごとに自社の費用ならびに外注先等の見積り費用を基に、予算を組み実行予算書を作成しています。この実行予算書を基に、工事の出来高に従って支払計上しています。そして、成り行き的な支出管理を防止するために、実行予算管理一覧表を作成し、実行予算書通りに進むように管理します。

◆ 実行予算管理一覧表（例）

(単位：百万円)

工事名	担当	工期	請負額	予算					利益額	利益率(%)
				材料費	労務費	外注費	経費	合計		
○○○○	○○○○	○○○○	1,000	500	300	100	50	950	50	5

工事進捗率(%)	支払済の累積					支払予定の累積					総支払 合計	利益額	利益率(%)
	材料費	労務費	外注費	経費	合計	材料費	労務費	外注費	経費	合計			
50	250	150	50	25	475	250	150	50	25	475	950	50	5

(2) **実行予算管理一覧表の内容**

　成り行き的な支出管理を防止するために、実行予算管理一覧表を作成し管理していきます。実行予算管理一覧表は、もともとの予算に対し、月々の支払と残りの支払予定額を常にチェックしていくシステムです。具体的には、経営会議でこの一覧表を基に毎月、当初予算に対し進捗率に応じて支払った額と今後発生する支払残高が最終的にオーバーするのかを検討し、オーバーする場合には、ただちに対策を講じるようにします。

　この管理表は、次のような項目で作成します。

　① 予算
　A. 材料費、労務費、外注費、経費の明細とその合計
　B. 工事の利益額、工事の売上に対する利益率
　② 工事進捗率
　工事の現時点の工事全体からみた進捗率
　③ 工事のいままでの支払済の累積
　材料費、労務費、外注費、経費の明細とその合計
　④ 工事の今後の支払予定の累積
　材料費、労務費、外注費、経費の明細とその合計
　⑤ 工事の総支払
　工事の支払済の累積と支払予定の累積の合計
　⑥ 工事の利益額
　工事の請負額から支払を差し引いた金額
　⑦ 工事の利益率
　工事の請負額に対する実際の工事の利益額の割合

(3) **実行予算管理の進め方**
　① 工事着工前に、必ず実行予算書を作成

　急ぎの工事の場合、実行予算書を作成せずに進めてしまうことがあります。しかし、現実は、こうした実行予算を工事着工後に作成したり、省略したりしている工事は、必ずといっていいほど赤字工事になっています。

　② 工事着工前会議を徹底

　実行予算書を作成したあと、経営者を含めた経営会議で、工事の採算と運営上

の問題点を検討します。

　③　目標利益を下回る工事の対策

　経営会議で、VEなどを検討して更なるコストダウンを目指します。

　④　支払いの精査

　実行予算どおりの支払いかどうか支払い時に検証します。

　⑤　実行予算管理一覧表による中間チェック

　実行予算管理一覧表により、毎月工事の採算状況を検証していきます。

　⑥　工事の精算

　工事が完了した場合に、工事精算書を作成します。この精算書は工事の実際の支払明細を記載します。この精算書と実行予算書を比較して実行予算どおりか検証します。工事の実際の支払いが実行予算を上回った場合は、原因を追求し今後の工事の対策を講じます。

(4)　**実行予算管理のメリット**

　実行予算管理一覧表を基に、予算に対し、月々の支払と残りの支払予定額を常にチェックしていくシステムです。このため、この一覧表を基に毎月、当初予算に対し、進捗率に応じて支払った額と今後発生する支払残高が最終的にオーバーするのかを検討し、オーバーする場合には、ただちに対策を講じることができます。

(5)　**実行予算管理をしていない会社の問題点**

　工事の出来高に従って支払計上しています。しかし、ただ漫然と出来高で工事外注先に支払っているため工期が延長したり、想定外の難工事が発生するなどして予定外の支払いが増加し、最終的に赤字になる場合が多々あります。

　この結果、工事の赤字が結果として決算の赤字につながっていきます。

【コンサルティングのポイント】

> ①**実行予算管理の役割の説明**
>
> 　請求書払いならかかったものを支払うので当然です。しかし、作業工程がすべて終わり、それに従ってかかった費用の請求がくると工事支払が予定額を超えてしまう場合もあります。

そうなると、利益の減少や赤字になります。予想外の費用がかからないように、毎月の支払管理は重要です。

常に費用の先行管理を行い、予想外に費用がかかりそうな場合は対策を打っていきます。工事終了後に実行予算書と支払を精査し、その結果を工事精算書に記載しています。

②工事の進行管理では不十分

工事の進行は大切です。しかし、毎月予算どおりの支出かどうかを管理しないと、工事しているなかで支払いがかさむことがあります。工事が終わってからでは取り戻せません。その結果赤字工事となりますので、月次ベースの工事の予算管理をします。

工事を行うということは、工事の進行管理も大事ですが、予算通りの支出になっているかという資金の進行管理も大切です。

3．資金繰り管理をして資金ショートを防止する

(1) 資金繰り管理とは

資金繰り表を基に当月実績の資金収支管理を行うとともに、将来の月別の資金収支管理を行っていくものです。

(2) 実施内容

資金繰り表は、次のような項目で作成します。

① 前月繰越高

前月の現金の繰越高を記入します。

② 収入

売上現金の回収、受取手形の取立金、前受金、その他収入を記入します。

③ 支出

仕入現金の支出、支払手形の決済、外注加工費、人件費、諸経費などを記入します。

④ 財務収支

A．調達

◘ 資金繰り表（例）

(単位:千円)

科目			4月実績	5月予定	6月予定	7月予定	8月予定
前月繰越高(A)			1,000	2,880	4,760	6,640	8,520
収入	売上現金回収		2,000	2,000	2,000	2,000	2,000
	受取手形取立金		100	100	100	100	100
	前受金		100	100	100	100	100
	雑収入		10	10	10	10	10
	その他		0	0	0	0	0
	計(B)		2,210	2,210	2,210	2,210	2,210
支出	仕入現金支出		100	100	100	100	100
	支払手形決済		10	10	10	10	10
	外注加工費		10	10	10	10	10
	人件費		100	100	100	100	100
	支払利息・割引料		10	10	10	10	10
	設備資金支払		0	0	0	0	0
	決算関係資金		0	0	0	0	0
	計(C)		230	230	230	230	230
差引過不足(B-C=D)			1,980	1,980	1,980	1,980	1,980
財務収支	調達(+)	手形割引	0	0	0	0	0
		長期借入金	0	0	0	0	0
		短期借入金	0	0	0	0	0
	返済(-)	長期借入金	100	100	100	100	100
		短期借入金	0	0	0	0	0
	差引額(E)		▲100	▲100	▲100	▲100	▲100
翌月繰越高(A+D+E)			2,880	4,760	6,640	8,520	10,400

手形割引、借入金を記入します。

B. 返済

借入金の返済を記入します。

⑤ 翌月繰越高

翌月の現金の繰越高を記載します。

(3) 資金繰り管理の進め方

資金繰り表により、次のような管理をしていきます。

A. 売上の回収と仕入れの支払いはバランスがとれているか

B. 現金回収と手形回収の割合に変化はないか

C. 人件費、経費などの支払いは妥当であるか
D. 月別の差引きの過不足に問題はないか
E. 借入金の推移に問題はないか
F. 手形割引の推移に問題はないか

(4) 資金繰り管理のメリット

会社の資金管理が成り行き的になっていると突然資金が足りなくなり、取引先の金融機関に駆け込むことになります。こうした突然の資金ショートを無くすためには、資金繰り表を作成し、資金調達がいつ必要なのかを把握することが大切です。また、資金繰り表により、収支バランスが適切かも検討し、問題があれば内容を見直ししていくことができます。

(5) 資金繰り管理をしていない会社の問題点

現金については、販売先等から入金があれば収入として記載し、材料等の仕入先に支払があれば支出として記載されます。こうした成り行き的な管理をしている場合、収入が支出を上回っている限りでは問題は発生しませんが、支出が先行したり突然の支出が発生したりすると、資金がショートして資金繰りに行き詰ることがあります。

【コンサルティングのポイント】

①資金繰り管理の役割を説明

資金繰り管理は、資金の管理であり、先行きの資金の予想も記載していくものです。こうした管理により、必要な資金に円滑に対応していくことができるようになります。

②資金繰り表の作成は資金ショートの防止

単に現金管理のみ行っていても、資金ショートには対応することができません。いざその時に金融機関に行っても、急には対処してもらえない可能性があります。そのため資金繰り表は、必要資金がいつどのようなことで発生するのかを把握するためのものでもあるのです。

4 駐車場サービス会社のコンサルティング事例

(1) 現況

　F社は、22年前に空港利用者専用駐車場として開業しました。現在では、主要空港に展開しております。

　売上高は8億円、社員は25名。売上高のうち、駐車場収入が9割を占め、あとは旅行用品の販売手数料です。近年、空港利用者が電車やバスを利用する機会も増えてきているとともに、同業種間の競争が激化してきています。

(2) 業績低下の主な原因

- 店別の計数管理は、売上しか行っていなく、季節要因などによりアルバイトの採用などの経費が増加すると赤字になる月が発生する。
- 空港利用者のなかには、飛行機の代替手段として電車やバスなどの交通機関を利用するお客様が増えている。
- 同業者では、駐車料金を大きく下げて提供している企業がでてきて、駐車料金のみを選定条件にしているお客様は安価な駐車場にシフトしている。
- 他社との差別化のために、お客様に対するより高い接客サービスを提供することになっているが、最近は言葉づかいや応対が悪いなどのクレームが散見される。

(3) 対策

- 店別予算管理を導入する。
- 接客サービスを向上する。
- 電話応対を向上する。

(4) 実施

① 店別予算管理の導入

店別の予算管理を次のように実施していきました。

② 年度予算を作成

経営計画に基づき年度予算を決めました。

当社は支店があるために、支店単位で作成しました。支店単位で行う場合、本

社経費の取り扱いに留意します。基本的には、売上高などの配分基準を決めて各支店に本社経費を配分します。

③ 月次予算の作成

年度予算を月別に振り分けますが、季節変動があるため、季節変動を分析して振り分けました。

④ 月次決算を行う

月次の試算表を基に店別の実績を把握しました。

⑤ 予算実績差異分析

計画と実績の差異を分析しました。差異については、仕事のやり方に問題がなかったか、決まった通り実行していたか検証しました。

⑥ 改善対策

計画と実績の差異分析で原因が把握できたら、その対策を検討し、次月以降に対策案を実行するようにしました。

◘ 店別予算管理表

(単位:千円)

項　　目	年度予算	当月までの累積			4月		
		計画A	実績B	差額(B-A)	計画A	実績B	差額(B-A)
売上高	300,000	25,000	26,000	1,000	25,000	26,000	1,000
一般管理費等	240,000	20,000	18,000	-2,000	20,000	18,000	-2,000
人件費	150,000	12,500	11,000	-1,500	12,500	11,000	-1,500
賃借料	24,000	2,000	2,000	0	2,000	2,000	0
減価償却費	12,000	1,000	1,000	0	1,000	1,000	0
保険料	12,000	1,000	1,000	0	1,000	1,000	0
リース料	12,000	1,000	1,000	0	1,000	1,000	0
その他経費	30,000	2,500	2,000	-500	2,500	2,000	-500
本部分担経費	30,000	2,500	2,500	0	2,500	2,500	0
営業利益	30,000	2,500	5,500	3,000	2,500	5,500	3,000

⑦ 接客サービスの向上

【接客マニュアルの作成・指導】

受付でのお客様への応対は、すべて担当者任せで、担当者によってバラバラな応対が目立ちました。丁寧であればよいという応対から、すべての社員が一定以

上の応対ができるように接客の基本ルールを作成し実施しました。

その内容としては、次の項目のルールを作成しました。

A. 応対用語の唱和運動

B. 応対の基本姿勢

C. 接客での姿勢

D. 受付、送迎、お帰りでの接客の注意点

E. 社員の日常行動心得

F. 社員の身だしなみ

◆ 接客マニュアル

```
1. 基本心得
  ①制服を常に着用する。
  ②お客様に笑顔で接する。
  ③大きな声で挨拶する。
  ④お叱りを受けたら言い訳せずに申し訳ご
    ざいませんと謝罪する。
  ⑤お客様の話をよく聞く。
      ………
```

⑧ コンシェルジェの配置

受付でお客様が増えてくると、社員によっては受付作業で手一杯となってしまい、接客サービスが落ちてきます。

そこで、新たにコンシェルジェ制度を導入し、社員応対の保管と社員の応対の指導を専門にさせることにしました。このコンシェルジェにより、接客サービスの維持と向上を図りました。

⑨ 店舗監査の実施

本部が毎月各店舗に対して監査を行い、点数評価して改善点を指摘しました。

⑩ 電話応対の向上

【電話応対マニュアルの作成と指導】

電話応対の向上を目指して、電話応対マニュアルを作成して指導していきまし

◆ **店舗監査表**

店舗監査　　　　　　評価:良い1点(笑顔10点)、悪い0点(笑顔-10点)

NO	評価項目	点数	改善指摘
1	姿：ひげはないか	1	
2	爪は短くそろえているか	1	
3	茶髪、長髪は禁止	1	
4	定められた服装をしているか	1	
5	ピアス、アクセサリーはしていないか	1	
6	受付：笑顔で対応しているか	△10	笑顔がない
7	いらっしゃいませとあいさつしているか	1	
8	お金の精算でありがとうございますといっているか	1	
9	送迎：お見送り時にいってらっしゃいませといっているか	1	
10	お見送り時にお辞儀(45度)をしているか	1	
11	お帰り時におかえりなさいませといっているか	1	
12	お帰り時にお辞儀(45度)をしているか	1	
13	店外：整理、整頓、清掃されているか	1	
14	：照明は適切か	1	
15	店内：トイレは清掃されているか	1	
	合　　計	9	(30点満点)

た。これにより、全員の電話応対の方法が統一され、一定の水準を保つようになりました。

その内容としては、次の項目のルールを作成しました。

A. 電話応対の基本姿勢

B. 電話予約の仕方

C. お帰り時の受付の方法

D. お問い合わせの電話への回答方法

E. 電話の取次ぎの方法

F. よく使う電話応対用語の習得

⑪　ヘッドセットの導入

従来、予約電話はすべて有線の固定電話でとっていましたが、電話受付をしながら、受付内容を予約台帳に記入するのは手間がかかり非効率でした。この対策として全電話にヘッドセットを導入して、ヘッドホンで受信するようにしました。これにより両手が開くため、予約台帳にスムーズに記帳できるようになりました。

この結果電話応対も余裕ができ、丁寧な応対ができるようになるとともに電話の作業時間の短縮も図れました。

⑫　お客様ノートの活用

電話オペレーターはお客様ノートをつけて、お客様からのお叱りの言葉や質問の声を分析し、改善を進めました。これにより、電話応対で同じようなお叱りや質問がなくなりました。

(5) 改善結果

① お客様の評判が向上し、売上が増加

その結果、リピートのお客様が増加しました。また、23期のお客様満足度のアンケート調査でも接客力の点数が上がり、90点を超えることができました。結果として、23期には売上が9億円となり、22期8億円に対し1億円の増加につながりました。

② 電話応対のお客様の評価向上

電話応対では、お客様から電話応対がよいと誉められるようになりました。また、前期と比較すると言葉づかいが悪い、時間が掛かるなどのクレームが減少しました。

③ 店舗の利益意識が向上

毎月予算と実績を検証することにより、予算を上回った経費について削減の対策を講じていきました。とくに、変動経費として大きい支出となるアルバイトの賃金については、お客様の来店予測を基に来店に応じた出勤体制を組み、大幅な経費削減になりました。

◆ F社の2期比較の損益計算書

第22期　損益計算書　（単位:千円）

売上高	800,000
販売費一般管理費	790,000
営業利益	10,000

第23期　損益計算書　（単位:千円）

売上高	900,000
販売費一般管理費	860,000
営業利益	40,000

(注)売上原価はなし。

【著者紹介】

宮内　健次（みやうち・けんじ）

明治大学大学院　経営学研究科卒。独立行政法人中小企業基盤整備機構・中小企業アドバイザー。株式会社千葉銀行に入社し、支店、本部勤務後、株式会社ちばぎん総合研究所にてコンサルティング部門を25年間経験し部長職などを歴任。その後、公益財団法人千葉県産業振興センターに入社し、経営相談に2020年まで携わる。コンサルティングでは、経営計画の作成・推進支援、経営改善支援、5S導入支援、人事制度構築支援、社員教育などを行う。その他、大学での講義（起業計画）、各地商工会議所などでの講演、TV出演、新聞・経営専門誌への寄稿など多数。
経営指導は、10,000件以上

【主な保有資格】
中小企業診断士、社会保険労務士、MBA

【主な著書】
『A4 1枚で作れる！よくわかる起業計画』（ビジネス教育出版社）、『A4 1枚で作れる！経営改善計画の書き方・使い方』（ビジネス教育出版社）、『経営計画の基本』（日本実業出版社）、『A4一枚で作る　PDCAを回せる　経営計画100の法則』（日本能率協会マネジメントセンター）、『黒字を実現する20の「仕組み」の進め方』（中央経済社）、『A4一枚で成果を出す！まんがでわかる　経営計画の作り方、進め方』（ウェッジ）など多数。

実践コンサルティング入門

2024年12月15日　初版第1刷発行

著　者　　宮内　健次
発行者　　延對寺　哲
発行所　　株式会社ビジネス教育出版社

〒102-0074　東京都千代田区九段南4-7-13
TEL 03(3221)5361(代表)／FAX 03(3222)7878
E-mail▶info@bks.co.jp　URL▶https://www.bks.co.jp

印刷・製本・DTP／モリモト印刷株式会社　　装丁／株式会社参画社
編集協力／大江　有起　　落丁・乱丁はお取替えします。

ISBN 978-4-8283-1104-3

本書のコピー、スキャン、デジタル化等の無断複写は、著作権法上での例外を除き禁じられています。購入者以外の第三者による本書のいかなる電子複製も一切認められておりません。